Le Théâtre

Collin d'Harleville

MALICE
POUR MALICE

Comédie en Trois Actes

Représentée pour la première fois à Paris en

1803

NOUVELLE ÉDITION
PUBLIÉE

PARIS
DÉPARTEMENTS, ÉTRANGER,
CHEZ TOUS LES LIBRAIRES

1878

20 c. — THÉATRE — 20 c.
CHEZ TOUS LES LIBRAIRES

JANVIER 1878

Beaumarchais
1. Barbier Séville, et Musique
2. Mariage Figaro, et Musique
3. La Mère coupable

Brueys
4. Avocat Patelin et le Grondeur

Desforges, — Baron
5. Le Sourd. - Bonnes fortunes

Le Sage
6. Turcaret, — Crispin rival

THÉATRE D'ÉDUCATION
de Florian et de Berquin.

7-8. FLORIAN, HUIT comédies.
9-10. BERQUIN, DIX comédies.

Collin-d'Harleville
11. Mr de Crac, — l'Inconstant
12. L'Optimiste
13. Châteaux en Espagne
14. Le Vieux Célibataire
15. La Famille bretonne
16. Vieillard et Jeunes Gens
17. Malice pour Malice

Marivaux
18. { Les Fausses Confidences / L'Ecole des Mères
19. { Jeu de l'Amour et Hazard / L'Épreuve nouvelle
20. Legs, - Préjugé, - Arlequin
21. Surprise, — la Méprise
22. 2e Surprise, — les Sincères
23. L'Inconstance, — Amours

Pergolèse, et Musique
24. Servante et STABAT MATER

Rousseau
25. Devin et onze Romances, piano

FÉVRIER 1878

Regnard
26. Le Joueur
27. Le Légataire et Critique
28. Le Distrait, — Amadis
29. { Attendez-moi, — Coquette / Le Marchand ridicule
30. { Retour, — Sérénade / Bourgeois de Falaise (Bal)
31. { Arlequin à bonnes fortunes / Critique de l'Arlequin / Les Vendanges / La Descente aux Enfers
32. Carnaval - Orfeo, - Divorce
33. { Folies amoureuses, / Mariage Folie, — Souhaits
34. Foire St-Germain et Suite
35. Les Ménechmes

Scarron
36. Jodelet — Japhet

Dufresny
37. Coquette, — Dédit, — Esprit
38. Le Mariage — le Veuvage

Carmontelle
39 à 42. Vingt-cinq **Proverbes**

Gresset
43. Le Méchant

Destouches
44. Le Philosophe marié
45. Le Glorieux
46. { La Fausse Agnès / Le Triple Mariage
47. Le Curieux, — L'Ingrat
48. Le Dissipateur
49. Le Médisant, — l'Irrésolu
50. Le Tambour nocturne

Collin d'Harleville

MALICE POUR MALICE

Comédie en trois actes

REPRÉSENTÉE POUR LA PREMIÈRE FOIS A PARIS EN

1803

NOUVELLE ÉDITION

PUBLIÉE

PARIS

DÉPARTEMENTS, ÉTRANGER,

CHEZ TOUS LES LIBRAIRES

1878

MALICE POUR MALICE

PERSONNAGES.

M. SAINT-FIRMIN.
MADAME DOLBAN, sa sœur.
MLLE DOLBAN, } enfants de
M. FLORIMEL, } Mme Dolban.
EUSÉBIE, orpheline.
RAIMOND.

GÉLON, voisin.
LUBIN, valet de Raimond.
LÉVEILLÉ, laquais de madame Dolban.
AUTRES DOMESTIQUES, PERSONNAGES MUETS.

(La scène se passe dans la maison de campagne de madame Dolban

ACTE PREMIER

(La scène, dans cet acte et dans le suivant, se passe dans un salon.)

SCÈNE I

M. SAINT-FIRMIN, une lettre à la main

(On entend, en dehors, de grands éclats de rire.)

Que de bruit! quels éclats! pour moi l'ennui me gagne
Voilà comme ma sœur s'amuse à la campagne!
Quoi! du matin au soir, railler, se divertir,
Rire aux dépens d'autrui! Quel talent! quel plaisir!
Mais ce matin, surtout, la joie est redoublée :
Nouveaux préparatifs dans la folle assemblée,
Parce que l'on attend, pour se moquer de lui,
Le fils de mon ami... Cependant, aujourd'hui,
Je me prête moi-même à ce faux badinage,
Et je prétends y faire aussi mon personnage :
J'ai mes raisons. Ceci peut produire un grand bien:

Puis, s'il en résultait un assez doux lien.
Entre ce même ami, qu'à jouer on s'apprête,
Simple en effet et bon, mais franc, sensible, honnête,
Et la jeune orpheline, ici, tout à la fois,
Raillée et maltraitée ?... Aimable enfant !... Je crois
Que ces deux jeunes gens, d'avance, se conviennent.
Qu'ils s'aimeront... Mais, chut, les voilà tous qui viennent
Dissimulons.

SCÈNE II

M. SAINT-FIRMIN, MADAME DOLBAN, MADEMOISELLE DOLBAN, FLORIMEL, EUSEBIE.

M. SAINT-FIRMIN.
Ma sœur, ma nièce, mon neveu,
Trêve à tous vos ébats, à vos rires.

FLORIMEL.
Bon Dieu !
Qu'est-ce ?

M. SAINT-FIRMIN.
Écoutez-moi tous.

MADAME DOLBAN.
Oh ! voilà bien mon frère,
Avec l'air affairé, comme à son ordinaire.

M. SAINT-FIRMIN.
Vous allez tous l'avoir ainsi que moi.

MADEMOISELLE DOLBAN.
Quoi donc ?

M. SAINT-FIRMIN.
Notre jeune homme arrive.

TOUS.
Ah ! ah !

FLORIMEL.
Monsieur Raimond ?

M. SAINT-FIRMIN.
Aujourd'hui, cette lettre...

MADAME DOLBAN.
Enfin, j'en suis ravie.

MADEMOISELLE DOLBAN.
Il va donc nous donner, à tous, la comédie.
FLORIMEL.
Il nous a fait languir, au moins, pendant huit jours !
C'est cruel.
M. SAINT-FIRMIN.
On lui garde, au fait, de si bons tours !
Il a tort de tarder !
EUSÉBIE.
Dites-moi, je vous prie ;
Je ne suis pas au fait de la plaisanterie ;
Ce jeune voyageur, on veut donc, je le voi?...
FLORIMEL.
Oui, s'en moquer.
EUSÉBIE.
Ah ! ah ! s'en moquer ! et pourquoi ?
MADEMOISELLE DOLBAN.
Mais... pour nous amuser.
EUSÉBIE.
Quels motifs sont les vôtres ?
Que vous a-t-il fait ?
FLORIMEL.
Rien.
M. SAINT-FIRMIN.
Non, pas plus que les autres.
MADAME DOLBAN.
Avec ses questions, elle sait me charmer.
M. SAINT-FIRMIN.
Votre exemple et vos soins ne peuvent la former.
MADEMOISELLE DOLBAN.
Puis, les beaux sentiments... ils sont d'un ridicule !
FLORIMEL.
Çà, mon oncle, il est donc bien simple, bien crédule,
Le cher Raimond ?
M. SAINT-FIRMIN.
S'il l'est ? en pouvez-vous douter
Après tous les bons tours que j'ai su vous conter ?
C'est un être vraiment curieux à connaître,
Qui, trompé mille fois, est toujours prêt à l'être.

Mais vous en jugerez.
MADEMOISELLE DOLBAN.
Moi, je le sais par cœur.
FLORIMEL.
Je vais le balotter, ce cher petit monsieur...
M. SAINT-FIRMIN.
Aussi, mes bons amis, vous connaisant avides
De ces tours gais, malins, joyeusement perfides,
J'ai, sachant qu'à Paris Raimond devait aller,
Voulu de son passage, au moins, vous régaler.
Que vous dirai-je, enfin? J'eus cette fantaisie.
MADAME DOLBAN.
C'est une attention dont je vous remercie.
FLORIMEL.
Et nous, donc?
MADEMOISELLE DOLBAN.
Oui, voici qui va nous réveiller.
FLORIMEL.
Nous n'avions, en effet, plus personne à railler.
EUSÉBIE.
Ce plaisir-là finit par s'user, c'est dommage.
M. SAINT-FIRMIN.
Vous aviez épuisé tout votre voisinage ;
Et la disette, enfin, allait nous obliger
A nous railler l'un l'autre : au moins, cet étranger
Va nous fournir, lui seul, des scènes assez drôles.
MADAME DOLBAN.
Mais, il peut arriver : répétons bien nos rôles.
FLORIMEL, mettant le doigt sur son front.
Nos rôles? ils sont là.
MADEMOISELLE DOLBAN.
D'abord, moi, je serai
Soubrette, et je crois bien que je m'en tirerai.
FLORIMEL.
Eh! parbleu, j'en suis sûr; te voilà dans ta sphère:
Raillerie et babil.
MADEMOISELLE DOLBAN.
Oui! poli comme un frère.

FLORIMEL.
Et la coquetterie ira toujours son train,
Je gage?
MADEMOISELLE DOLBAN.
Et pourquoi pas? En raillant son prochain,
Il est gai de lui faire encor tourner la tête;
Et soubrette, je veux tenter cette conquête.
M. SAINT-FIRMIN.
Courage.
MADAME DOLBAN.
Moi, j'ai pris un petit rôle, exprès,
Celui de gouvernante, et ferai peu de frais :
Car je suis, comme on sait, d'une délicatesse !
Un rien me rend malade.
FLORIMEL.
Eh! mais, dans votre pièce,
Vous l'êtes, malade.
MADAME DOLBAN.
Oui?
FLORIMEL.
Malade, même au lit.
M. SAINT-FIRMIN.
Qui joûra donc ce rôle?
FLORIMEL.
Eh! ne l'a-t-on pas dit?
Babet.
M. SAINT-FIRMIN.
Quoi? cette grosse?
FORIMEL.
On voile son visage.
EUSÉBIE.
Sa voix?
FLORIMEL.
De la parole elle a perdu l'usage.
MADAME DOLBAN.
Il a réponse à tout.
M. SAINT-FIRMIN.
A merveille : voilà
Gouvernante et soubrette; oui, mais en ce cas là,

Que fera donc ma nièce? Il faut...
MADAME DOLBAN, en montrant Eusébie.
Mademoiselle :
J'espère qu'à la fin, on peut compter sur elle.
MADEMOISELLE DOLBAN, à Eusébie.
Me ferez-vous l'honneur de me représenter ?
EUSÉBIE.
En vérité, je crains...
MADAME DOLBAN.
Ah ! c'est trop hésiter :
Les rôles sont donnés, et vous êtes ma fille.
EUSÉBIE.
J'obéis.
M. SAINT-FIRMIN, à Eusébie
Vous étiez déjà de la famille ;
Trop aimable orpheline !
MADAME DOLBAN.
Allons, pint de fadeur
MADEMOISELLE DOLBAN.
Au fait.
FLORIMEL, à Eusébie.
Souvenez-vous, ô ma nouvelle sœur !
Que vous allez jouer un rôle d'amoureuse.
EUSÉBIE.
D'amoureuse ?
FLORIMEL.
Sans doute.
M. SAINT-FIRMIN.
Oui, l'idée est heureuse.
MADAME DOLBAN.
Mon fils est si plaisant !
FLORIMEL.
Il faut que vous soyez
D'une tendresse !...
EUSÉBIE.
Ah! ah ! vous me le conseillez.
Monsieur !...
FLORIMEL.
Je fais bien plus, vraiment, je vous en prie.

EUSÉBIE.
Eh! mais, tout en suivant cette plaisanterie,
Si j'allais donc aimer tout de bon ?
M. SAINT-FIRMIN, vivement.
Oui ? tant mieux.
FLORIMEL, d'un air suffisant.
Ma réponse, à cela, je la lis dans vos yeux.
EUSÉBIE.
Bon alors..
MADEMOISELLE DOLBAN.
Te voilà bien confiant, mon frère !
FLORIMEL.
Un peu. Je vais pourtant paraître le contraire.
Oui, mon rôle est celui d'un frère altier, jaloux,
Ombrageux, ou plutôt je les embrasse tous :
Car, tenez, il me vient déjà mille saillies ;
Puis je vais, à mesure, inventer des folies...
M. SAINT-FIRMIN.
Oh ! je m'en fie à toi. Moi, je parlerai peu,
Comme disait ma sœur : j'observerai le jeu ;
De tout le monde, ici, je jugerai l'adresse ;
Mais c'est le dénoûment, surtout, qui m'intéresse.
FLORIMEL.
Oui, c'est l'ami Gélon qui va nous seconder !
MADEMOISELLE DOLBAN.
Certes !... Il ne vient point.
FLORIMEL.
Il ne saurait tarder.
M. SAINT-FIRMIN.
C'est là le grand railleur.
MADAME DOLBAN.
Ah ! oui, par excellence
EUSÉBIE.
Il vous persifle même en gardant le silence.
FLORIMEL.
Ce Gélon, par malheur, raille indistinctement
Amis comme ennemis.
MADEMOISELLE DOLBAN.
Oui, mais si joliment !

Il est charmant.
M. SAINT-FIRMIN.
Sans doute : il te trouve charmante !
MADAME DOLBAN.
Moi, tenez, franchement, plutôt qu'il me tourmente,
J'aime encor mieux l'aider à tourmenter autrui.
M. SAINT-FIRMIN.
Voilà le mot.
MADEMOISELLE DOLBAN.
Eh ! mais, oui, justement c'est lui.

SCÈNE III

Les précédents, GÉLON.

MADAME DOLBAN, avec empressement.
Bonjour !
FLORIMEL.
Ce cher Gélon !
GÉLON.
Mesdames !
FLORIMEL.
Il arrive
GÉLON.
Raimond ?
M. SAINT-FIRMIN.
Lui-même : ici l'on est sur le QUI VIVE !
MADEMOISELLE DOLBAN, à Gélon.
Vous seul ne ferez rien, et c'est fort mal.
GÉLON.
Pardon :
Vous m'annoncez quelqu'un si facile, si bon !
D'une ingénuité, d'une simplesse extrême,
Et qu'on pourrait nommer la crédulité même :
C'est conscience, à moi, de jouer un enfant.
FLORIMEL.
Fort bien !
GÉLON.
Irai-je ici, d'un air vain, triomphant.

ACTE I, SCÈNE III

Grossir contre Raimond le nombre des complices,
Fatiguer son sommeil à force de malices,
L'éveiller en sursaut au bruit des pistolets?
Que sais-je? En plein midi, lui fermer les volets,
Pour qu'il se croie atteint d'une goutte sereine?
Ou, voulant supposer qu'une attaque soudaine
L'a rendu sourd, ouvrir la bouche sans parler?
En sa présence encor, quoiqu'absent l'appeler,
Le battre même, afin qu'il se croie invisible?...
Tout cela qui, jadis, fut plaisant et risible,
Est usé, rebattu; puis c'est trop de moitié
Contre ce bon Raimond, qui vraiment fait pitié.
Tourmenter de la sorte un être aussi crédule,
Plus que le patient c'est être ridicule.
     M. SAINT-FIRMIN.
Ainsi vous réservez vos intrigues, vos plans,
Pour des occasions dignes de vos talens.
    MADEMOISELLE DOLBAN.
Mais; sans vous, cependant, point de bonne partie.
      GÉLON.
Ah!
      EUSÉBIE.
C'est trop de Monsieur blesser la modestie.
   GÉLON, avec l'air de finesse.
Quoi qu'il en soit, sans moi, raillez cet innocent.
C'est tout ce que pourrait tenter un commençant...
Florimel, par exemple.
     FLORIMEL.
    Hein? Me crois-tu novice?
      GÉLON.
Mais... à peu près: il faut à tout de l'exercice.
Vous promettez, mon cher; et quelque jour...
     FLORIMEL.
        Tenez,
Je n'aime point, Gélon, les airs que vous prenez.
    M. SAINT-FIRMIN.
Rien n'est juste, pourtant, comme la représaille.
    EUSÉBIE.   [raille.
Nous voulons bien railler, mais non pas qu'on nous

MADAME DOLBAN.
Allons donc : entre nous, au moins point de débats.
M. SAINT-FIRMIN.
Non, en parlant plaisir, ne nous chagrinons pas.

SCÈNE IV

Les précédents, LÉVEILLÉ.

LÉVEILLÉ, accourant d'un air familier.
Bonne nouvelle !
FLORIMEL.
Qu'est-ce ?
LÉVEILLÉ.
Enfin, voici nos hommes,
Maître et valet.
MADAME DOLBAN.
Fort bien.
M. SAINT-FIRMIN.
Avec nos gens, nous sommes
Presqu'en société.
MADAME DOLBAN.
Bon ! qu'importe cela ?
(Leveillé sort.)

SCÈNE V

Les précédents, excepté LÉVEILLÉ.

MADEMOISELLE DOLBAN.
Allons nous costumer : eh ! vite.
MADAME DOLBAN.
Le voilà !
Et nous perdions le temps en disputes frivoles !
A nos rôles. Voici mes dernières paroles
De mère ; désormais, je suis madame Armand.
(Elle sort gravement.)
MADEMOISELLE DOLBAN.
Et moi, Marton.
(Elle sort en courant.)

FLORIMEL.
Friponne !
GÉLON.
(A part.)
Adieu... pour un moment.
EUSÉBIE, bas à M. Saint-Firmin
O combien il m'en coûte !
M. SAINT-FIRMIN, bas à Eusébie.
Allons, ma chère amie,
Du courage : il faut bien s'amuser dans la vie.
(Elle sort.)

SCÈNE VI

M. SAINT-FIRMIN, FLORIMEL.

FLORIMEL.
Que disait-elle ?
M. SAINT-FIRMIN.
Oh !... rien.
FLORIMEL.
Elle a peine, je croi,
A feindre ; chère enfant ! Elle est folle de moi.
M. SAINT-FIRMIN.
Ah ! ah ! je l'ignorais.
FLORIMEL.
Oui, c'est un doux mystère.
M. SAINT-FIRMIN.
Pourquoi me le dis-tu ?
FLORIMEL.
Je ne veux rien vous taire.

SCÈNE VII

M. SAINT-FIRMIN, FLORIMEL, RAIMOND, LÉVEILLÉ ; celui-ci a une valise sur l'épaule.

M. SAINT-FIRMIN.
Eh ! c'est vous, cher Raimond !

RAIMOND.

               Ah! monsieur Saint-Firmin.
Je vous vois : me voilà délassé du chemin.

FLORIMEL.

Et nous, dédommagés de notre longue attente.

RAIMOND, à Florimel.

Monsieur...

M. SAINT-FIRMIN.

          Vous voulez-bien qu'ici je vous présente
Mon neveu Florimel.

RAIMOND.

         Monsieur... j'ai bien l'honneur...

FLORIMEL.   [cœur.

L'honneur!.., Je vous embrasse, et c'est de tout mon

M. SAINT-FIRMIN.

Parlez-moi donc un peu de la maman, du frère
Et des sœurs : tout le monde est bien portant, j'espère?

RAIMOND.

Ah! vous êtes trop bon. A merveille : ils m'ont tous
Chargés de compliments et d'amitiés pour vous.

FLORIMEL.

Que je les trouve heureux d'avoir un fils semblable!

RAIMOND.

Ah! Monsieur....

FLORIMEL.

       Non, d'honneur, on n'est pas plus aimable!

RAIMOND.

Vous me jugez trop bien.

M. SAINT-FIRMIN.

             Ah! voilà Florimel!
Enthousiaste...

RAIMOND.

       Il montre un heureux naturel.

FLORIMEL.

Nous sommes tous, ainsi, vraiment, de bonnes âmes.

M. SAINT-FIRMIN.

Tout à fait. Je vous vais annoncer à nos dames.
Mon cher Raimond, ici, soyez le bienvenu.

FLORIMEL.
Ah! oui, depuis longtemps vous étiez attendu,
Mon cher : votre arrivée est un signal de fête ;
Si vous saviez aussi comme chacun s'apprête
A vous traiter !
RAIMOND.
Messieurs... je suis confus, ravi...
M. SAINT-FIRMIN.
Bon! vous ne voyez rien. Sans adieu, mon ami.
(Bas à Florimel.)
Eh bien?
FLORIMEL, bas à M. Saint-Firmin.
Il est parfait.
M. SAINT-FIRMIN.
En tes mains je le laisse.
FLORIMEL.
Oui, je vous en réponds.
M. SAINT-FIRMIN, bas à Florimel.
Surtout de la sagesse.
FLORIMEL, de même.
Fort bien.

SCÈNE VIII

FLORIMEL, RAIMOND, LUBIN.

FLORIMEL.
Nous voilà seuls.
RAIMOND.
Monsieur !
FLORIMEL.
C'est qu'entre nous,
Je me trouve d'abord à mon aise avec vous :
Vous m'avez tout de suite, il faut que je le dise,
Intéressé par l'air de candeur, de franchise.
RAIMOND.
Tout le monde, en effet, me trouve cet air-là :
Il faut que cela soit.
LUBIN.
Oh! oui, c'est bien vrai, ça.

Pour moi, je ne sers pas depuis long-tems mon maître,
Mais je le connais bien : l'enfant qui vient de naître
N'est pas plus innocent.

RAIMOND.

Lubin, en vérité.

FLORIMEL.

Moi, j'aime son babil, son ingénuité.

RAIMOND.

Oui, mais...

LUBIN.

Puisque Monsieur est charmé quand je parle :
Hier même à Moulins, à l'auberge Saint-Charle,
Mon maître a pris... quelqu'un pour un prince étranger,
L'appelait Monseigneur, l'écoutait sans manger ;
Et ce prince, c'était de ces gens à prologues,
Qui vendent à cheval des chansons et des drogues.
Voilà quel est mon maître.

FLORIMEL.

Est-il bien vrai, mon cher ?

RAIMOND.

Très-vrai. Que voulez-vous ? cet homme avait grand
(air :
Il ne parlait jamais que de seigneurs, de princes ;
Il donnait à sa fille, en dot, quatre provinces :
Pouvais-je deviner qu'il entendait par là
Ne plus chanter ni vendre en ces provinces-là ?

FLORIMEL.

Eh ! c'est tout simple.

RAIMOND.

Moi, je commence par croire.
Sans être un grand sorcier, on peut faire une histoire :
Un sot peut, tous les jours, rire aux dépens d'autrui,
Rire même de tel... qui vaudra mieux que lui.
N'est-il pas vrai ?

FLORIMEL.

Voyez ! ne pas croire qu'on mente !

RAIMOND.

Mais je désire fort qu'ici l'on me présente...

FLORIMEL.
A ma mère ? monsieur ! hélas !
RAIMOND.
Vous soupirez :
Quel malheur ?...
FLORIMEL.
Je le vois, Monsieur, vous ignorez...
Ma mère, en ce moment, ne saurait voir personne.
RAIMOND.
Ah ! pardonnez... Je n'ose, ô dieu ! mais je soupçonne
Qu'elle est malade.
FLORIMEL.
Oh ! oui, bien dangereusement.
RAIMOND.
Mais, c'est donc tout à coup, Monsieur ?
FLORIMEL.
Subitement.
RAIMOND.
Se peut-il ?
FLORIMEL.
C'est l'effet d'un grand coup de tonnerre.
RAIMOND.
De tonnerre ?
FLORIMEL.
A minuit, il tombe chez ma mère ;
Avec fracas déchire et brûle ses rideaux,
Dérange les fauteuils, dépend lustres, tableaux.
L'un d'eux tombe sur elle...
RAIMOND.
Ah !
FLORIMEL.
C'est ce qui la sauve :
Ma mère est là-dessous, mieux que dans son alcôve.
RAIMOND.
J'entends : c'est bien heureux.
LUBIN.
Un drôle de bonheur !
FLORIMEL.
Jugez de son état et de notre douleur !

RAIMOND.

Je le sens.

FLORIMEL.

Vous trouvez ce fait un peu bizarre ?

LUBIN.

Il est certain....

RAIMOND.

Sans doute, un coup pareil est rare :
Mais qui peut du tonnerre expliquer les effets ?
Impossible est un mot que je ne dis jamais.

FLORIMEL.

Ce principe est d'un sage. Ici, l'on se lamente :
Ma pauvre sœur...

RAIMOND.

Hélas !... Elle est, dit-on, charmante.

FLORIMEL.

Monsieur, je la loûrais, si ce n'était ma sœur.
Elle est intéressante ; entre nous par malheur,
Elise s'est gâté l'esprit par sa lecture :
Elle en est aux romans pour toute nourriture.

RAIMOND.

Des romans ! eh ! lit-on autre chose à présent ?

LUBIN.

Chez nous, jusqu'au berger en lit chemin faisant.

FLORIMEL.

Ma pauvre sœur !... il est des moments où je tremble.
(Affectant de l'abandon.)
Mon ami ! nous allons quelques jours vivre ensemble,
Et votre air, vos discours... Je serais, entre nous.
Désespéré d'avoir une affaire avec vous.

RAIMOND.

Une affaire ?

FLORIMEL.

Oui, tenez, je ne puis vous le taire,
Monsieur, j'ai le malheur d'avoir un caractère
Fier, terrible.

RAIMOND.

On croirait le contraire, à vous voir.

FLORIMEL.
Non, je ne passe rien. J'ai rendez-vous, ce soir,
Avec un officier, mon ancien camarade,
Qui, nous rencontrant hier, dans une promenade,
A regardé ma sœur d'un air... qui m'a déplu.
RAIMOND.
Quoi ! pour cela, se battre ?
FLORIMEL.
Oui, j'y suis résolu.
RAIMOND.
Diable ! à ses yeux, alors, il faut bien prendre garde.
Vous permettez pourtant, monsieur, qu'on la regarde,
Et vous ferez fort bien. En me le défendant,
Vous rendriez par là mon désir plus ardent.
Je vous parle sans fard.
FLORIMEL.
Ce n'est pas que je craigne.
J'ai mis près de ma sœur une sévère duègne,
Un Argus, au-dessus de son état, d'ailleurs ;
C'est une dame... elle a... vous saurez ses malheurs.
RAIMOND.
Ah !
LUBIN.
Puisque vous parlez ici de gouvernante,
Monsieur, dans la maison, est-il une suivante ?
FLORIMEL.
Oui, Lubin ; car à tout je vois que vous pensez.
RAIMOND.
C'est un bavard.
LUBIN.
Est-elle un peu jolie ?
FLORIMEL.
Assez.
LUBIN.
Cela se trouve bien.
FLORIMEL, à Raimond.
Même, par parenthèse,
Elle est espiègle, alerte, et va. ne vous déplaise,
Vous lutiner un peu.

LUBIN.
Nous le lui rendrons bien.
FLORIMEL, à Lubin.
Je parle à votre maître, et vous, je vous préviens,
Lubin, qu'il faut avoir bien du respect pour elle.
LUBIN.
(D'un air fin.)
C'est différent. Je vois que cette demoiselle...
Les soubrettes, pourtant, sont notre lot, je crois.
RAIMOND.
Enfin, te tairas-tu?
LUBIN.
Dame? on défend ses droits.
FLORIMEL.
(A Raimond.) (Il appelle.)
Il est gai ; mais pardon. Léveillé!... Tout le monde.

SCÈNE IX

Les précédents, LÉVEILLÉ et trois autres domestiques.

FLORIMEL.
De ce brave garçon que chacun me réponde :
J'entends qu'il soit traité... comme son maître, ici.
LÉVEILLÉ, d'un air ricaneur.
Oui, monsieur, tout de même.
LUBIN.
Oh! je n'ai nul souci.
(Aux autres domestiques.)
Messieurs, nous serons bien... s'il ne fait point d'orage.
LÉVEILLÉ.
Bon! l'orage est passé ; mon enfant, du courage.
(Lubin sort avec les autres valets.)

SCÈNE X

FLORIMEL, RAIMOND.

RAIMOND.
Tout le monde est ici d'une franche gaîté!...

FLORIMEL.
Oui ?... vous nous l'inspirez, mon cher, en vérité,
RAIMOND.
Vous mo flattez, monsieur.
FLORIMEL.
Point du tout.

SCÈNE XI

Les précédents, MADEMOISELLE DOLBAN,
en soubrette.

FLORIMEL, à mademoiselle Dolban.
Hé bien, qu'est-ce,
Marton ? que nous veut-on ?
MADEMOISELLE DOLBAN.
Rien. C'est moi qui m'empresse
De venir à Monsieur, si vous le permettez,
Offrir mes soins, mon zèle.
RAIMOND.
Ah ! c'est trop de bontés.
MADEMOISELLE DOLBAN, bas à Florimel.
Ne venez pas encor ; ma mère n'est pas prête.
FLORIMEL, bas à mademoiselle Dolban.
(Haut.)
Non, non. Eh ! mais, Marton, cette offre est fort honnête.
MADEMOISELLE DOLBAN.
Elle est bien naturelle.
FLORIMEL.
Allez tout préparer
Là-dedans, et voyez si nous pouvons entrer.
MADEMOISELLE DOLBAN.
Pas encor. Nous avons des toilettes à faire :
Pour ma jeune maîtresse... oh ! mais, c'est une affaire...
RAIMOND.
Inutile, sans doute, avec autant d'appas !
MADEMOISELLE DOLBAN.
Mais pas trop inutile, et j'avoûrai tout bas...

SCÈNE XII

Les précédents, M. SAINT-FIRMIN.

MADAME SAINT-FIRMIN.
Que fais-tu là, Marton ?
MADEMOISELLE DOLBAN.
Eh! mais, monsieur...
M. SAINT-FIRMIN.
Tu causes,
Lorsqu'il faudrait là-bas arranger mille choses !
MADEMOISELLE DOLBAN.
Tout est prêt.
M. SAINT-FIRMIN.
Prêt ou non, vois si, dans ce moment,
Ma sœur n'a pas besoin de toi.
MADEMOISELLE DOLBAN.
Madame Armand ?
M. SAINT-FIRMIN.
Mais non, ma sœur. Eh quoi ! ma sœur se nomme-t-elle
(A mi-voix.) (Haut.)
Madame Arm... Étourdie ! Allons, mademoiselle...
FLORIMEL.
Cher oncle !
M. SAINT-FIRMIN.
Sortez donc.
MADEMOISELLE DOLBAN.
Je vous trouve, monsieur,
L'air bien sévère.
M. SAINT-FIRMIN.
Et vous, le ton bien raisonneur
Pour une soubrette.
MADEMOISELLE DOLBAN, regardant Raimond avec attention.
Ah ! dussé-je être indiscrète,
On oublîrait ici qu'on n'est qu'une soubrette.
(Elle sort.)
FLORIMEL.
(De loin.)
Je veux te dire un mot. Je vous laisse un moment,

Messieurs.
(Il sort.)

SCÈNE XIII
M. SAINT-FIRMIN, RAIMOND.

M. SAINT-FIRMIN.
Ah! çà, mon cher, causons donc librement.
RAIMOND.
Je le désire fort.
M. SAINT-FIRMIN.
Mais... qui vous fait sourire?
RAIMOND.
Ne devinez-vous pas ce que je veux vous dire?
M. SAINT-FIRMIN.
Eh! mais...
RAIMOND.
Vous devinez; oui, je vois à votre air,
Qu'ici vous attendez...
M. SAINT-FIRMIN.
Expliquez-vous, mon cher.
RAIMOND.
Tout, dans cette maison, semble extraordinaire.
Cette mère malade, et d'un coup de tonnerre ;
Cette soubrette, un peu familière, entre nous ;
Le frère si bizarre, et bavard, et jaloux ;
Tout ce que l'on m'a dit de la sévère duègne ;
Que vous dirai-je, enfin? ce désordre qui règne
Dans toute la maison, et ces joyeux ébats
De valets ricaneurs qui se parlent tout bas ;
Tout cela, par degrés, augmente ma surprise,
Et je soupçonnerais, s'il faut que je le dise...
M. SAINT-FIRMIN.
Quoi donc?
RAIMOND.
Qu'on est d'accord pour se moquer de moi.
M. SAINT-FIRMIN.
Quel conte! vous croyez?

RAIMOND.
J'en ai peur.
M. SAINT-FIRMIN.
Mais, pourquoi,
De grâce? à quel propos?
RAIMOND.
Oh! pourquoi? je l'ignore,
Je puis tout comme un autre, et mieux qu'un autre en-
Offrir matière... [core,
M. SAINT-FIRMIN.
Allons !...
RAIMOND.
Il est, dit-on, d'ailleurs,
Certaines gens qui font métier d'être railleurs,
Qui forgent chaque jour quelque scène nouvelle,
Pour tourmenter autrui : ce jeu, je crois, s'appelle...
Attendez donc... eh! oui, mystification.
M. SAINT-FIRMIN.
Je n'entends pas trop bien semblable expression.
RAIMOND.
Je conviens avec vous que le mot est barbare;
Mais, bien moins que la chose, il est faux et bizarre.
M. SAINT-FIRMIN.
Quoi? vous croiriez?...
RAIMOND.
Très-fort. Certain air m'a frappé..
Parbleu ! je voudrais bien ne m'être pas trompé.
M. SAINT-FIRMIN.
Pourquoi?
RAIMOND.
Je suis né doux, confiant, et peut-être
Un peu crédule, oui ; mais, quand je crois reconnaître
Que l'on veut abuser de ce secret penchant,
Tout comme un autre, alors, je puis être méchant.
M. SAINT-FIRMIN.
Vraiment ?
RAIMOND.
Oui, je suis homme à me faire un délice
De leur rendre, à mon tour, malice pour malice.

ACTE I, SCÈNE XIII

M. SAINT-FIRMIN.
Mais... c'est le droit des gens. Eh bien donc! observez,
Cherchez.
RAIMOND.
Ce que je cherche ici, vous le savez.
M. SAINT-FIRMIN.
Moi? quand je le saurais, dois-je vous en instruire?
RAIMOND.
Mais, peut-être : en ces lieux qui daigna m'introduire
Me doit protection.
M. SAINT-FIRMIN.
En avez-vous besoin,
Lorsque vos soupçons seuls vous ont mené si loin?
RAIMOND.
Eh! mais... je crois d'abord que cette bonne pièce,
Eh! oui, cette Marton...
M. SAINT-FIRMIN.
Eh bien?
RAIMOND.
Est votre nièce.
M. SAINT-FIRMIN.
Vous croyez?
RAIMOND.
J'en suis sûr. Si cette dame Armand,
Qu'elle a nommée, était... sa mère, seulement?
M. SAINT-FIRMIN.
Encor? quel homme!
RAIMOND.
Et vous? oui, dans ce stratagème
Vous trempiez donc aussi?
M. SAINT-FIRMIN.
J'en suis l'auteur, moi-même,
RAIMOND.
Comment?
M. SAINT-FIRMIN.
Oui, cher Raimod, vous sachant simple et franc,
Mais doué d'un cœur droit, d'un esprit pénétrant,
Tel qu'il me le fallait, j'ai cru, vous l'avoûrai-je?
Pouvoir, sans nul scrupule, ici vous tendre un piége,

Ou plutôt à nos gens, qui, n'ayant nul soupçon,
Recevraient de vous-même une bonne leçon.
Raimond, dans tous les cas, connaît mon caractère,
Et sent bien que je l'eusse averti du mystère.

RAIMOND.

J'entends : contre moi donc ils ont tous conspiré ?
Eh bien ! je les attends, et je me défendrai.

M. SAINT-FIRMIN.

Vous ferez bien ; surtout, moi, je vous recommande
Certain monsieur Gélon, le pire de la bande.
Il va se costumer... je ne sais pas comment :
Vous le reconnaîtrez au travestissement.
Il fait le brave ; au fond, moi je le crois très-lâche.

RAIMOND.

Lâche ou non, je m'en charge.

M. SAINT-FIRMIN.

      Oui ! bon ! ce qui me fâche,
C'est qu'il ait de son fiel aigri ma pauvre sœur,
Tout naturellement portée à la douceur ;
Dont l'esprit, entre nous, n'est plus très-fort, qui même
Sur sa santé nous montre une faiblesse extrême.

RAIMOND.

Écoutez donc. En tête il me vient un dessein :
Pour la guérir je vais me faire médecin.

M. SAINT-FIEMIN.

Bien. Corrigez aussi ma nièce, autre railleuse,
Railleuse impitoyable, et de plus envieuse,
Et monsieur mon neveu, cet enfant gâté.

RAIMOND.

          Bon.
Le frère aura son fait, et malheur à Marton !

M. SAINT-FIRMIN.

A propos de Marton : et votre domestique,
Le préviendrez-vous ?

RAIMOND.

      Non ; quoi qu'avec l'air rustique,
Il se défendra bien ; allez, son gros bon sens
Saura déconcerter tous ces mauvais plaisants.

ACTE I, SCÈNE II

M. SAINT-FIRMIN.
A la bonne heure. Allons.
(Il veut emmener Raimond.)
RAIMOND, le retenant.
Un mot, je vous supplie;
La jeune personne...
M. SAINT-FIRMIN, souriant.
Ah !
RAIMOND.
Si douce, si jolie !
M. SAINT-FIRMIN.
Hé bien ?
RAIMOND.
Elle n'est pas de la famille ?
M. SAINT-FIRMIN.
Non ;
Mais c'est une orpheline : Eusébie est son nom.
RAIMOND.
Dites-moi, joûra-t-elle un rôle dans la pièce ?
M. SAINT-FIRMIN.
Par pure complaisance, oui, celui de ma nièce.
D'Élise... Un rôle, oh ! mais... tendre et sentimental !
Je vous préviens, de peur que vous n'en jugiez mal.
Mais rentrons, car je crains...
RAIMOND, d'une voix plus forte.
Ah ! malins que vous êtes !
Et voilà donc chez vous l'accueil que vous me faites !
Oh ! bien, dans ce jeu-là je puis vous défier.
Et c'est moi qui prétends vous bien mystifier.
(Il rentre avec M. Saint-Firmin.)

ACTE DEUXIÈME

SCÈNE I

MADEMOISELLE DOLBAN.

Le singulier début ! est-ce ainsi qu'on me traite ?
« Marton, pour sa maîtresse on quitte la soubrette, »
Me dit Raimond ; et puis vers Eusébie il court.
S'il continue ainsi, mon rôle sera court.
Ce jeune homme, après tout, a l'abord agréable ;
Plus que je ne croyais, il est bien fait, aimable.
S'il allait d'Eusébie ?... Elle aura le secret,
Avec son petit air langoureux et discret...
Mais elle aime mon frère... Eh ! bon ! elle est coquette
Comme une autre. A présent, son rôle m'inquiète :
Il vaut mieux que le mien. Je voudrais bien... Voici
Le valet ; eh bien ! moi, je suis soubrette aussi.
Faisons un peu jaser ce Lubin sur son maître.

SCÈNE II

MADEMOISELLE DOLBAN, LUBIN.

LUBIN.
Ah ! l'on vous trouve, enfin...
　　　　　　　MADEMOISELLE DOLBAN.
　　　　　　　　　　　　Vous me cherchiez peut-être,
Monsieur Lubin ?
　　　　　　LUBIN.
　　　　　　　　Mais oui, vous n'avez pas daigné,
Belle Marton, paraître à l'heure du dîné.
　　　　　　MADEMOISELLE DOLBAN.
Pardon, c'est que jamais je ne dîne à l'office.
　　　　　　LUBIN
Bon ! où dînez-vous donc ?

MADEMOISELLE DOLBAN.
N'importe.
LUBIN.
Quel caprice !
Mais ça vous sied.
MADEMOISELLE DOLBAN.
Ah ! ah !
LUBIN.
Oui, c'est tout simple, il faut...
Quand on a pris son vol un peu plus haut...
MADEMOISELLE DOLBAN.
Plus haut ?
LUBIN.
Oui, ceo mnsieur... Mais quoi ? je l'ai dit à lui-même :
Il nous fait tort, à nous.
MADEMOISELLE DOLBAN.
Bon !
LUBIN.
Que moi, je vous aime.
C'est tout simple ; mais lui, vouloir nous supplanter !
C'est comme si mon maître allait vous en conter.
MADEMOISELLE DOLBAN.
Cela serait, vraiment, bien extraordinaire,
Monsieur Raimond m'aimer !
LUBIN.
Ecoutez donc, ma chère :
Il serait un peu dupe ; et, tenez, je suis franc :
Vous êtes bien jolie, oui ; mais à part le rang,
Votre maîtresse encor aurait la préférence.
MADEMOISELLE DOLBAN.
Ah !
LUBIN.
Je vois d'elle à vous un peu de différence.
MADEMOISELLE DOLBAN.
Monsieur est connaisseur.
LUBIN.
Eh ! cela saute aux yeux.
MADEMOISELLE DOLBAN.
Fort bien !

LUBIN.
Mais tout ici s'arrangera bien mieux ;
Maître et valet auront chacun leur amourette,
Lui pour la demoiselle, et moi pour la soubrette.
MADEMOISELLE DOLBAN.
Bien arrangé! Raimond, dites-vous, aimera
Mademoiselle ?
LUBIN.
Eh ! oui, s'il ne l'aime déjà.
MADEMOISELLE DOLBAN.
Si vite ?
LUBIN.
En un clin-d'œil, monsieur se passionne;
Et puis, l'étonnement de voir une personne...
Tout autre...
MADEMOISELLE DOLBAN.
En quoi ?
LUBIN.
Sans doute ; il ne s'attendait pas
A la voir ce qu'elle est : on nous disait, là-bas,
Que cette demoiselle était capricieuse,
Babillarde, étourdie, et surtout très-railleuse.
MADEMOISELLE DOLBAN, *cachant avec peine son dépit.*
Quoi ! l'on vous avait dit ?...
LUBIN.
Vraiment; aussi, Dieu sait
Comme, avant de la voir, monsieur la haïssait !
MADEMOISELLE DOLBAN.
Me... la haïssait?
LUBIN.
Oui.
MADEMOISELLE DOLBAN.
Lubin juge, raisonne !
LUBIN.
C'est notre droit, à nous : par exemple, friponne !
Votre joli minois...
MADEMOISELLE DOLBAN.
Soyez moins familier.
Hé bien donc, votre maître ?...

LUBIN.
                    Ah! j'allais l'oublier,
Mon maître; car Marton sait si bien me distraire !
            MADEMOISELLE DOLBAN.
Ne vous dérangez pas.
                    LUBIN.
                    Ça m'arrange au contraire.
Comme mon maître, ici, je suis tout près d'aimer.
            MADEMOISELLE DOLBAN.
Soit; mais je ne suis pas si prompte à m'enflammer
Que ma maîtresse, moi.
                    LUBIN.
                    Bah! ton charmant visage
Dit...
            MADEMOISELLE DOLBAN.
    Déjà tutoyer !
                    LUBIN.
                    C'est assez mon usage :
Puis, cela va tout seul de Lubin à Marton.
            MADEMOISELLE DOLBAN.
Finissez donc; car, moi, je n'aime pas ce ton.
                    LUBIN.
Quel œil sévère ! Allons, la paix, et je te donne,
Moi, pour gage, un baiser.
                            (Il l'embrasse en effet.)
            MADEMOISELLE DOLBAN.
                    Insolent!
                    LUBIN.
                        Ah! pardonne;
Mais ton minois, Marton, semblait demander ça.
            MADEMOISELLE DOLBAN.
Comment! ici, quelqu'un.

SCÈNE III

MADEMOISELLE DOLBAN, LUBIN, MADAME
    DOLBAN, vêtue en duègne.

            MADAME DOLBAN.
                    Eh! mais, qu'entends-je là?

MADEMOISELLE DOLBAN.
C'est cet impertinent, madame, qui m'embrasse.
MADAME DOLBAN.
Vous embrasse! cet homme?... il aurait eu l'audace!...
LUBIN.
Eh! oui, madame Armand, j'ai cette audace.
MADAME DOLBAN.
Oser
A ma... mademoiselle, ainsi prendre un baiser!
MADEMOISELLE DOLBAN.
Malheureux!
LUBIN.
(A madame Dolban.)
Ah! Marton! Pardon, je vous supplie;
Mais c'est qu'en vérité, Marton est si jolie!
MADAME DOLBAN.
(A sa fille.)
Belle excuse! Mais, vous, pourquoi rester aussi,
Seule avec un valet?
MADEMOISELLE DOLBAN.
Pouvais-je dônc ici
M'attendre...
MADAME DOLBAN.
Il faut s'attendre à tout, mademoiselle.
LUBIN.
Oh! oui, surtout à ça.
MADAME DOLBAN.
C'est qu'il parle encor d'elle,
D'un ton!... Tu sortiras, coquin, de la maison.
(Voyant Raimond.)
Mais ton maître, avant tout, va me faire raison
De l'insolence...

SCÈNE IV

Les précédents, FLORIMEL, RAIMOND.

FLORIMEL.
Bon!

RAIMOND.
Eh! de quelle insolence?
Qu'a-t-il donc fait, madame?
LUBIN.
Eh! monsieur, j'ai...
RAIMOND, à Lubin.
Silence.
MADAME DOLBAN.
Ce qu'il a fait? il a... Je ne saurais parler.
FLORIMEL.
Ah! Dieu!
RAIMOND.
Mais achevez : vous me faites trembler.
MADAME DOLBAN.
Hé bien! Monsieur, il vient d'embrasser, ici même,
Mademoiselle.
RAIMOND.
Ciel!
FLORIMEL, riant sous cape.
Ah! quelle audace extrême!
(A part.)
Le bon tour!
RAIMOND.
Se peut-il?
FLORIMEL.
Quoi! Marton, est-il vrai!
MADEMOISELLE DOLBAN, outrée.
Eh! oui.
RAIMOND.
Qu'ai-je entendu?
FLORIMEL.
(A part.)
C'est affreux. Il est gai.
RAIMOND, à madame Dolban, à demi-voix, de manière pourtant
que mademoiselle Dolban puisse l'entendre.
Lubin est si timide! oui, d'honneur! quand j'y pense,
Il faut absolument que, par un peu d'avance,
Cette fille l'ait presque encouragé.

ALICE POUR MALICE,   3

MADEMOISELLE DOLBAN.
Moi ! j'ai ?...
Plaît-il ?
MADAME DOLBAN.
Qu'appelez-vous, monsieur, encouragé
FLORIMEL.
Il est sûr que Marton a la mine égrillarde.
MADEMOISELLE DOLBAN, à Florimel.
C'en est trop.
LUBIN.
C'est bien vrai : quand elle vous regarde...
MADAME DOLBAN.
Silence.
MADEMOISELLE DOLBAN, hors d'elle.
Voyez donc comme il parle de moi !
FLORIMEL, bas, à sa sœur.
Bien, courage, ma sœur.
MADEMOISELLE DOLBAN, à demi-voix.
Eh ! laisse-moi donc, toi.
MADAME DOLBAN, toute déconcertée.
La... voyez cependant où les choses en viennent !
RAIMOND, après avoir rêvé un moment, et du plus grand sérieux.
Mais... si les jeunes gens, après tout, se conviennent,
On les pourrait, un jour, marier...
MADAME DOLBAN, riant.
Marier ?
MADEMOISELLE DOLBAN, de même.
Nous marier ?
FLORIMEL, éclatant.
Ah ! bon !
RAIMOND.
Pourquoi se récrier ?
LUBIN.
Eh ! oui, pourquoi ?
RAIMOND.
Lubin est bon pour cette fille.
Il est brave homme ; il sort d'une honnête famille :
C'est le fils d'un fermier, pas très-riche, d'accord ;
Mais à cet égard-là, je réponds de son sort.

MADEMOISELLE DOLBAN.
A merveille, monsieur !
FLORIMEL.
Rien de plus raisonnable :
Ce mariage, à moi, me paraît très-sortable.
N'est-ce pas ?
MADAME DOLBAN.
Superbe ! oui...
RAIMOND.
Quoi ! déjà vous sortez,
Marton ?
MADEMOISELLE DOLBAN.
Oui, je bénis de si rares bontés,
Et vais y réfléchir.
FLORIMEL, bas à sa sœur.
C'est un début fort drôle,
Ne te dégoûte pas pour cela de ton rôle.
MADEMOISELLE DOLBAN.
Eh ! laissez-moi donc, vous.
(Elle sort outrée.)

SCÈNE V

Les précédents, excepté MADEMOISELLE DOLBAN.

FLORIMEL.
Pauvre fille ! elle sort
Piquée, et jusqu'au vif.
MADAME DOLBAN.
Elle a vraiment grand tort !
RAIMOND, à Lubin.
Sors, toi ; ne reparais jamais devant ces dames.
MADAME DOLBAN.
Jamais, certainement.
LUBIN, à part.
Les singulières femmes !
(A demi-voix.)
J'ai donné des baisers, en ma vie, au moins cent,

Qui n'ont pas fait moitié tant de bruit.

(Il sort.)

RAIMOND.

L'insolent!

SCÈNE VI

MADAME DOLBAN, FLORIMEL, RAIMOND.

RAIMOND, à madame Dolban.

Ah! pardon.

MADAME DOLBAN.

C'est assez...

FLORIMEL.

Oui, l'on n'y peut que faire.
Parlons plutôt, parlons de cette tendre mère.

MADAME DOLBAN.

Ah! oui.

RAIMOND.

C'est, en effet, un mal plus sérieux.

FLORIMEL, à Raimond.

Depuis votre visite, elle est mieux, beaucoup mieux.

MADAME DOLBAN.

Vraiment?

RAIMOND.

J'en suis ravi : la pauvre chère dame!
Elle me fait pitié.

MADAME DOLBAN.

Cela déchire l'âme.

FLORIMEL, à sa mère.

Mais, n'admirez-vous pas... là... que, précisément,
Monsieur soit médecin?

RAIMOND, avec modestie.

Ah!

MADAME DOLBAN.

Quel bonheur!

FLORIMEL.

Comment
Ne m'en disiez-vous rien?

RAIMOND.
Mais... la surprise extrême...
Le saisissement...
FLORIMEL.
Soit. Et mon oncle lui-même
N'en avait point parlé : quelle discrétion !
RAIMOND.
Moi, je n'en ai jamais fait ma profession.
Je traite mes amis et la classe indigente,
Ou, comme en ce moment, dans une affaire urgente.
Je ne me pique point de guérir tous les maux :
Deux ou trois, c'est assez ; mais, voyez l'à-propos !
Oui, je possède, à fond, l'article des orages ;
J'ai même, là-dessus, fait deux petits ouvrages.
MADAME DOLBAN.
Vous êtes donc auteur ?
RAIMOND.
Autant que médecin.
MADAME DOLBAN.
Vous croyez la sauver ?
RAIMOND.
J'en réponds ; un seul grain
D'émétique.
MADAME DOLBAN.
Ah ! ciel ! quoi ?...
RAIMOND.
C'est le remède unique.
FLORIMEL.
(A Raimond, à demi-voix.)
C'est tout simple. A propos, voici l'instant critique :
Je vais à mon duel.
RAIMOND, de même.
Vous faut-il un témoin ?
FLORIMEL, de même.
Non ; mais si, par malheur, de votre art j'ai besoin,
Puis-je compter sur vous ?
RAIMOND.
Oui, certes, où me rendre ?

FLORIMEL.
Où ? mon valet de chambre, ici viendra vous prendre.
(Bas, à sa mère.)   (Haut, à Raimond.)
Je le ferai courir. Je prends votre cheval;
Montez le mien, vous.
RAIMOND.
Soit.
FLORIMEL.
Oh ! c'est un animal...
Unique, vous verrez.
(Il fait signe à sa mère.)
RAIMOND.
Je rends le mien docile :
Cependant à monter il est fort difficile :
Prenez-y garde.
FLORIMEL.
Bon ! n'ayez pas peur; allez,
Je connais les chevaux.
RAIMOND.
Puisque vous le voulez...
FLORIMEL.
Adieu donc.
(Bas à Raimond, et du ton d'un homme pénétré.)
Si je meurs...
RAIMOND, bas à Florimel.
Ecartons ce présage.
FLORIMEL, de même, serrant la main de Raimond.
Cher ami !
(A madame Dolban à demi-voix, mais de manière que Raimond l'entende.)
Vous, madame, en gouvernante sage,
Veillez bien sur ma sœur.
MADAME DOLBAN, de même.
Oui.
FLORIMEL.
Vous la connaissez :
Vous savez bien, madame...

MADAME DOLBAN, de même.
Eh! mon Dieu! c'est assez.
(Florimel sort en riant sous cape; madame Dolban en fait autant, et Raimond aussi.)

SCÈNE VII

MADAME DOLBAN, RAIMOND.

RAIMOND, à part.
A vous, madame.
MADAME DOLBAN, à part.
Allons, jouons mon personnage.
RAIMOND.
Ce jeune homme est aimable.
MADAME DOLBAN.
Un peu vif.
RAIMOND.
A son âge,
C'est tout simple.
MADAME DOLBAN, à part.
Arrangeons notre petit roman.
(Haut.)
Ah! monsieur!...
RAIMOND, à part.
Essayons d'écarter la maman,
Car l'aimable orpheline ici pourrait se rendre.
MADAME DOLBAN.
Combien vous gémirez, quand vous allez apprendre
Les revers, les malheurs!...
RAIMOND, à part.
J'imagine un moyen.
MADAME DOLBAN.
Vous paraissez distrait.
RAIMOND.
Moi? point du tout. Hé bien?
De grâce poursuivez; ce récit m'intéresse.
(Il tâte le pouls de madame Dolban.)

MADAME DOLBAN.
Que faites-vous?
RAIMOND.
Pardon, madame.
MADAME DOLBAN.
Eh! quoi, serait-ce?...
RAIMOND.
Rien. Vous ne sentez pas à présent de douleur?
MADAME DOLBAN.
Non.
RAIMOND.
Vous avez changé, tout à coup, de couleur..
MADAME DOLBAN.
Ah! bon Dieu! d'où vous vient une telle pensée?
RAIMOND.
Avez-vous quelquefois la tête embarrassée?
MADAME DOLBAN.
La tête embarrassée? ah! voilà du nouveau!
RAIMOND.
Mais rien n'est plus commun : les fibres du cerveau...
MADAME DOLBAN.
Eh! mais... à quel propos cet air d'inquiétude?
RAIMOND.
D'inquiétude? non. Avez-vous l'habitude,
Madame, de dormir après votre repas?
MADAME DOLBAN.
Oui.
RAIMOND.
Je l'aurais gagé.
MADAME DOLBAN.
Mais...
RAIMOND.
Ne sentiez-vous pas
Un engourdissement?
MADAME DOLBAN.
Quelquefois.
RAIMOND, se parlant à soi-même.
Asphyxie.

MADAME DOLBAN.
Plaît-il?
RAIMOND.
Qui, par degrés, mène à l'apoplexie.
MADAME DOLBAN.
L'apoplexie? ô ciel!
RAIMOND.
Hai... j'en ai vu...
MADAME DOLBAN.
Vraiment...
Je me sens toute... là... mais... je ne sais comment.
RAIMOND, lui tâtant le pouls.
Je le crois bien : le pouls, de seconde en seconde,
S'élève.
MADAME DOLBAN.
Vous croyez?
RAIMOND.
Une bile âcre abonde.
MADAME DOLBAN.
Oh! depuis quelques jours, je n'étais pas très-bien.
RAIMOND.
Pas très-bien? mais... s'il faut ne vous déguiser rien...
MADAME DOLBAN.
Eh! quoi, monsieur?
RAIMOND.
Tenez, la dame que j'ai vue
Tout à l'heure, là-haut, dans ce lit étendue...
MADAME DOLBAN.
Hé bien?
RAIMOND.
Est moins malade, oui, beaucoup moins que vous.
MADAME DOLBAN.
Moins malade que moi!
RAIMOND.
Convenez, entre nous,
Que j'arrive à propos.
MADAME DOLBAN.
Oui, je suis trop heureuse.
Mais cette maladie est-elle dangereuse?

RAIMOND.
Non. Du repos ; de rien, ce soir, ne s'occuper ;
Boire de l'eau, surtout se coucher sans souper :
Quinze ou vingt jours ainsi de calme, de régime,
Il n'y paraîtra plus.
MADAME DOLBAN.
　　　　　Cet espoir me ranime.
RAIMOND.
Un peu de confiance et de docilité.
MADAME DOLBAN.
J'en aurai, j'en aurai ; mais c'est qu'en vérité...
RAIMOND.
(A part.)
Ne pleurez point. On vient ; ô ciel ; c'est Eusébie.
　(Vivement.)
Voulez-vous dans le vif couper la maladie ?
MADAME DOLBAN.
O Dieu ! si je le veux ?
RAIMOND, de même.
　　　　　　Allez faire soudain
Un tour de promenade.
MADAME DOLBAN.
　　　　　Où donc ?
RAIMOND.
　　　　　　　　Dans le jardin.
MADAME DOLBAN.
Mais enfin...
RAIMOND.
　　Eh ! courez.
MADAME DOLBAN.
　　　　　　Ne pouvez-vous me suivre ?
RAIMOND.
Non ; il faut à l'instant, que je consulte un livre
MADAME DOLBAN.
Combien vais-je rester ?
RAIMOND.
　　　　　Trois grands quarts d'heure, au moins.
Mais courez donc.

MADAME DOLBAN.
Et vous ?
RAIMOND.
Bientôt je vous rejoins.
Allez.
MADAME DOLBAN.
Mon cher docteur, sur vous je me repose.
RAIMOND, seul un moment et riant.
Vivat ! la médecine est une bonne chose.
(A l'approche d'Eusébie.)
Chut.

SCÈNE VIII

RAIMOND, EUSÉBIE.

EUSÉBIE.
J'avais cru trouver ici madame Armand.
RAIMOND.
Elle vient de sortir ; mais, de grâce, un moment ;
Ne peut-on vous parler sans votre gouvernante ?
EUSÉBIE.
(A part.)
Eh ! mais, Monsieur... Mon rôle est d'être prévenante.
(Haut.)
Ici, depuis longtemps, vous étiez attendu.
RAIMOND.
On est trop bon ; mais, moi, que de temps j'ai perdu !
(A part.)
Oh ! quel air de candeur !
EUSÉBIE, à part.
Il est bien.
RAIMOND, à part.
Quel dommage
Qu'on lui fasse jouer un autre personnage !
(Haut.)
Combien je désirais un entretien si doux,
Belle Elise !
EUSÉBIE.
Le bien qu'on nous a dit de vous

Me faisait souhaiter aussi de vous connaître ;
Ma franchise, monsieur, vous surprendra peut-être.
RAIMOND.
Moi, je serais surpris? Ah! la sincérité
Semble embellir encor une jeune beauté.
Elle vous sied si bien!
EUSÉBIE.
      Epargnez, je vous prie...
RAIMOND.
Ne prenez point ceci pour une flatterie.
Sans peine on reconnaît l'accent qui part du cœur,
Mademoiselle : il est tel regard enchanteur
Qui ne saurait tromper; par exemple, le vôtre.
EUSÉBIE.
Oh! mon regard, monsieur, n'est pas plus sûr qu'un autre:
Croyez-moi.
RAIMOND.
    Mon bonheur, pourtant, serait certain,
Si je pouvais, un jour, y lire mon destin.
EUSÉBIE.
Vous me jugez d'après votre candeur extrême :
Qui voudrait vous tromper, se tromperait soi-même.
(A part.)
En effet. Je le sens!
RAIMOND.
      Hé! bien, cette candeur
Réside, j'en suis sûr, au fond de votre cœur,
Charmante Elise.
EUSÉBIE.
    Eh! mais... Vous me flattez, sans doute :
(A part.)
L'aimable confiance! O! combien il m'en coûte!
RAIMOND, à part.
Elle souffre! Vraiment, elle me fait pitié!
EUSÉBIE, à part.
Le tromper avec l'air, le ton de l'amitié!
RAIMOND.
Vous semblez hésiter à dire quelque chose.

EUSÉBIE.
Hésiter ?... Mais, monsieur, vous-même, je suppose,
Me regardez d'un air !...
RAIMOND.
Tel que vous l'inspirez,
Je ne m'en défends pas.
EUSÉBIE.
Hélas !...
RAIMOND.
Vous soupirez ?
EUSÉBIE.
(A part.)
Il est vrai. Je ne puis plus longtemps me contraindre ;
(Haut.)
Oui... C'en est trop, monsieur, et je cesse de feindre.
Il faut...
RAIMOND.
Eh! quoi, de grâce ?
EUSÉBIE.
Eh ! bien, je vais parler...
Dieu ! c'est Marton ; il faut encor dissimuler.
RAIMOND.
Eh! qu'importe ?

SCÈNE IX

EUSÉBIE, RAIMOND, MADEMOISELLE DOLBAN.

MADEMOISELLE DOLBAN.
Je trouble un charmant tête-à-tête :
Fort bien, Mademoiselle, et rien n'est plus honnête.
EUSÉBIE.
De quel droit venez-vous ? Ne puis-je, s'il vous plaît,
A l'ami de mon oncle exprimer l'intérêt...
Qu'il inspire ?
MADEMOISELLE DOLBAN.
Ah ! fort bien, monsieur vous intéresse.

RAIMOND.
Tant mieux pour moi. Bien loin de gronder sa maîtresse,
Marton ferait bien mieux...
MADEMOISELLE DOLBAN.
Oui, de se retirer,
Pour vous laisser ainsi !
RAIMOND.
J'allais t'en conjurer.
Sache écarter d'ici l'oncle, la gouvernante,
Et celle-ci, surtout, qui n'est pas indulgente.
MADEMOISELLE DOLBAN.
Ah ! que je les écarte ?
RAIMOND.
Oui.
MADEMOISELLE DOLBAN.
Je vais, de ce pas,
Les avertir, plutôt.
EUSÉBIE.
Mais vous n'y pensez pas.
Qui, dans cette maison, pourrait me faire un crime,
Oui, de dire à monsieur à quel point je l'estime ?
RAIMOND.
Qu'entends-je ? O doux aveu !
MADEMOISELLE DOLBAN.
Je crois bien qu'il est doux :
Vous l'estimez déjà ?
EUSÉBIE.
Pourquoi pas ? Laissez-nous,
Marton.
MADEMOISELLE DOLBAN.
Je conçois bien qu'ici je vous dérange.
RAIMOND.
Mais, Marton est, d'honneur ! une soubrette étrange.
Ne suis-je donc pas homme à te récompenser ?
Tu me connais bien mal ; et, tiens, pour commencer,
Prends ceci.
MADEMOISELLE DOLBAN.
De l'argent !

RAIMOND.
Ah ! je vois ta colère :
C'est trop peu qu'un louis ? En voilà deux, ma chère.
MADEMOISELLE DOLBAN.
Eh ! gardez tout votre or.
RAIMOND.
Ah ! ma belle, pardon :
Vous êtes un phénix.
EUSÉBIE.
En effet.
RAIMOND.
Eh bien ! donc,
Va, par amitié seule, en soubrette fidèle,
Te tenir à la porte, et faire sentinelle.
(Il la prend par la main et la place lui-même à ce poste.)
(Avec affectation.) (Bas à Eusébie.)
Là, bien. Charmante Elise ! enfin... Permettez-vous
Que, pour la tourmenter, je tombe à vos genoux ?
EUSÉBIE, bas.
Vous êtes donc malin ?
RAIMOND, bas.
Oui, quelquefois.
MADEMOISELLE DOLBAN, de loin, assez gaiement.
Courage !
Vous me faites jouer un joli personnage!
RAIMOND.
Ne bouge pas, Marton.
(Et toujours aux pieds d'Eusébie, il lui prend la main.)
(Bas, à Eusébie.)
Pardon...
MADEMOISELLE DOLBAN.
Oh ! c'est trop fort :
Je vous en avertis ; la sentinelle sort,
Et reviendra bientôt, mais avec bonne escorte.
(Elle sort.)

SCÈNE X

EUSÉBIE, RAIMOND.

EUSÉBIE.
Elle sort furieuse ; et Dieu sait !...
RAIMON.
Bon ! qu'importe
Le courroux de Marton ?
EUSÉBIE.
Cette Marton n'est pas
Une... Mais, je l'entends qui revient sur ses pas,

SCÈNE XI

Les précédents, MADEMOISELLE DOLBAN, FLORIMEL, le bras en écharpe.

MADEMOISELLE DOLBAN.
(A part.)
Venez, Monsieur, venez. Je vous préviens, mon frère,
Qu'ils s'aiment tout de bon.
FLORIMEL.
Qu'entends-je ? un téméraire
Ose parler d'amour à ma sœur ! ah ! morbleu !
RAIMOND.
Monsieur !... en vérité...
EUSÉBIE, bas à Florimel.
Tout ceci n'est qu'un jeu,
Vous savez bien...
FLORIMEL, bas à Eusébie.
Eh ! oui, je sais très-bien, ma chère ;
Aussi, fais-je semblant d'être fort en colère.
MADEMOISELLE DOLBAN, à Florimel.
Eh ! ne l'écoutez pas : il était à ses pieds,
Ici même.
FLORIMEL, à Raimond et à Eusébie.
Tous deux, ainsi, vous me trompiez !

RAIMOND.
Moi ? qu'avais-je promis ?
FLORIMEL.
Un amoureux mystère !
(A Raimond.)
Et lorsque vous savez quel est mon caractère !
EUSÉBIE.
Oh ! oui, très-violent.
FLORIMEL.
Quand l'honneur est blessé...
RAIMOND.
L'honneur ? eh ! mais, de grâce, en quoi l'ai-je offensé ?
FLORIMEL.
C'est me manquer enfin.
RAIMOND.
En ce cas, je suis homme
A vous faire raison...
FLORIMEL.
Demain, je vous en somme.
EUSÉBIE.
Ciel ! ils vont s'égorger, pour un mot !
(A mademoiselle Dolban.)
Et voilà
Le fruit de vos rapports, fille injuste !
FLORIMEL, bas à Eusébie.
Bravo !
Vous jouez comme un ange.
MADEMOISELE DOLBAN, bas à Florimel.
Applaudissez ; courage.
Elle joue, en effet, très-bien.
FLORIMEL, bas.
Eh ! oui.
MADEMOISELLE DOLBAN.
J'enrage.
EUSÉBIE, affectant un grand sérieux.
Mon frère, c'est pousser l'emportement trop loin.
Monsieur n'a point de tort, aucun, j'en suis témoin ;
Et c'est vous seul, ici, qui lui faites injure.

FLORIMEL.
Je suis trop vif, mon cher, pardon, je vous conjure.
RAIMOND.
Soit.
MADEMOISELLE DOLBAN.
Vous ne voyez pas ?
FLORIMEL.
Laisse-nous en repos,
Marton, j'en ai besoin, moi ; je souffre !...
RAIMOND, à demi voix.
A propos,
Et votre duel ?
FLORIMEL, de même.
Mais j'ai tué mon adversaire.
EUSÉBIE.
Ciel !
MADEMOISELLE DOLBAN.
Vous êtes blessé ?
FLORIMEL.
La blessure est légère.
RAIMOND.
Quoi ! sérieusement, blessé, monsieur ?
FLORIMEL.
Très-peu.
Oui, la balle a glissé.
RAIMOND.
Voyons, de grâce.
(Il lui touche le bras.)
FLORIMEL.
Ah ! Dieu !
Vous m'avez fait un mal !...
RAIMOND.
Eh ! mais cette blessure
N'est point un coup de feu, mon cher, je vous assure.
FLORIMEL.
Comment donc ?
RAIMOND.
On ne peut tromper les gens de l'art,
C'est un poignet foulé.

EUSÉBIE.
Bon !
RAIMOND.
Oui, si, par hasard,
Cette blessure-là?...
FLORIMEL.
Quoi !
RAIMOND.
N'était qu'une chute ?
MADEMOISELLE DOLBAN, riant.
Ah ! ah !
FLORIMEL.
Je vous proteste...
RAIMOND.
Allons, point de dispute :
Si votre gros cheval fait souvent des faux pas,
Mon normand, quelquefois, jette son homme à bas

SCÈNE XII

Les précédents, MADAME DOLBAN.

MADAME DOLBAN.
Voyez ! s'est-on jamais dispersé de la sorte?
Personne ne vient voir, moi, comment je me porte.
FLORIMEL.
Quoi, Madame ?
RAIMOND.
En effet, madame n'est pas bien.
EUSÉBIE.
Qu'est-ce donc?
MADAME DOLBAN, montrant Raimond.
Demandez?
RAIMOND.
Cela ne sera rien ;
Un peu de fièvre.
MADEMOISELLE DOLBAN,
Quoi !

RAIMOND, *tâtant le pouls de madame Dolban.*
Déjà la peau meilleure.

MADEMOISELLE DOLBAN.
Mais...

RAIMOND, *à madame Dolban.*
Vous avez pris l'air?

MADAME DOLBAN.
Hélas! oui, trois quarts d'heure.

RAIMOND.
Bien.

MADAME DOLBAN.
Je vous attendais.

RAIMOND.
Je n'ai point oublié;
Mais, monsieur me retient.

SCÈNE XIII

Les précédents, LÉVEILLÉ.

FLORIMEL.
Hé bien! quoi, Léveillé?

LÉVEILLÉ.
Un grande visite, allez, je vous assure.

MADAME DOLBAN.
Comment?

LÉVEILLÉ.
Un voyageur! oh! c'est une aventure!...
On parle de voleurs, d'hommes tués...

MADEMOISELLE DOLBAN.
Ah! ciel!

FLORIMEL, *à Raimond.*
Oui, ces bois sont remplis de voleurs.

RAIMOND, *à Florimel.*
C'est cruel.

MADEMOISELLE DOLBAN, *bas à Florimel.*
C'est Gélon.

FLORIMEL, *bas à sa sœur.*
Oui, je gage : il n'a voulu rien dire.

LÉVEILLÉ.

Je cours.

(Il sort.)

SCÈNE XIV

Les précédents, excepté, LÉVEILLÉ.

FLORIMEL, bas à madame Dolban.
Un nouveau tour.
MADAME DOLBAN.
Chez moi, je me retire.
MADEMOISELLE DOLBAN.
Pourquoi?
MADAME DOLBAN.
Suis-je en état, bon Dieu! de recevoir,
Quand j'ai la fièvre?
FLORIMEL.
Quoi! vous ne voulez pas voir?
(Bas.)
Cela sera plaisant.
MADAME DOLBAN, a demi-voix.
Oui! la plaisanterie,
Toujours! On est malade, et vous voulez qu'on rie?
(A Raimond.)
Cela me tue. Au moins ne m'abandonnez pas,
Cher docteur.
RAIMOND.
Non, Madame; allez, et de ce pas,
Vous promener encor : toujours des promenades.
(Madame Dolban sort tristement.)
RAIMOND, a part.
Comme ils s'amusent bien! les voilà tous malades.
FLORIMEL.
On vient.

SCÈNE XV

Les précédents, M. SAINT-FIRMIN, GÉLON,
habillé en voyageur étranger : son costume est celui d'un militaire allemand ; mais cet uniforme est couvert d'une ample redingote.

M. SAINT-FIRMIN.
Mes enfants, mes amis, j'amène un voyageur
Qu'il faut bien recevoir.
                    FLORIMEL, bas.
                        Il est parfait, ma sœur.
            MADEMOISELLE DOLBAN.
Parfait.
        GÉLON, à M. Saint-Firmin, avec l'accent allemand.
    Ah! vous avez sauvé mes jours.
            FLORIMEL.
                            Qu'entends-je?
        M. SAINT-FIRMIN.
C'est un événement, en effet, fort étrange,
J'allais me promener dans la forêt; j'entend
Des coups de pistolets.
            MADEMOISELLE DOLBAN.
                Ah!
            M. SAINT-FIRMIN.
                    Je cours à l'instant,
Et je vois des voleurs, dont une troupe entoure
Monsieur, qui se défend avec une bravoure!...
                GÉLON.
J'en avais tué six, déjà, de ce seul bras :
Ah! s'ils n'avaient été que dix, les scélérats!...
                EUSÉBIE.
N'êtes-vous point blessé?
                GÉLON.
                    J'étais, je vous assure,
Blessé dans quatre endroits; j'ai guéri ma blessure
Moi-même, en un clin d'œil.
            MADEMOISELLE DOLBAN.
                    Ah! ah! comment cela?

GÉLON, montrant un petit flacon.
Deux gouttes seulement du baume que voilà.
MADEMOISELLE DOLBAN.
Je donnerais beaucoup pour en avoir deux gouttes.
GÉLON.
Un baiser, belle enfant; je vous les donne toutes.
RAIMOND, à Florimel.
Voilà, pour votre chute, une merveilleuse eau.
M. SAINT-FIRMIN.
Monsieur est voyageur?...
GÉLON.
Presque dès mon berceau.
Mon père, en voyageant, a fait son mariage,
Et ma mère accoucha de moi dans un voyage;
Ainsi, de père en fils, toujours nous voyageons
Et toujours en campagne.
FLORIMEL.
A ce mot, nous jugeons
Que monsieur est issu de parents militaires.
GÉLON, avec affectation.
Militaires? oh! non, certainement; mes pères
Étaient de bons marchands.
M. SAINT-FIRMIN.
Ah! ah! c'est différent.
GÉLON.
Le commerce, monsieur; mais le commerce en grand
RAIMOND.
C'est votre air martial qui nous avait fait croire...
GÉLON.
Martial! ah! monsieur, à moi, pas tant de gloire,
Mais, vous savez, toujours voyageant et marchant,
On s'aguerrit.
M. SAINT-FIRMIN.
Sans doute.
RAIMOND.
Ah! monsieur le marchand,
Le beau sabre!...
GÉLON.
Assez beau.

RAIMOND.
Je ne saurais m'en taire,
Il est superbe.
GÉLON.
Eh! mais...
FLORIMEL.
C'est un vrai cimeterre.
GÉLON.
Je l'ai pris d'un Cosaque.
MADEMOISELLE DOLBAN,
Ah! ah! pris? et comment?
GÉLON, affectant de se reprendre.
Pris... par échange; eh! oui, pour un gros diamant
Que me céda... Memmoud, un pacha de trois queues.
M. SAINT-FIRMIN.
Monsieur est las peut-être?
GÉLON.
Oh! non; cinq cents lieues,
Tout au plus, que je fis, et toujours à cheval.
FLORIMEL.
O Dieu!
GÉLON.
Je monte à cru; le mien n'a pas d'égal.
MADEMOISELLE DOLBAN.
Monsieur n'est point encor marié?
GÉLON.
Non, madame :
Je n'eus jamais le temps d'épouser une femme;
Toujours en course...
M. SAINT-FIRMIN.
Ici longtemps je vous retiens
Comme mon prisonnier,
GÉLON.
Oui, je vous appartiens :
L'esclavage en ces lieux, pour moi n'a rien de rude.
MADEMOISELLE DOLBAN, bas à Gélon.
A merveille.
GÉLON, bas aussi.
Bon! bon! ceci n'est qu'un prélude,

Et je lui garde un tour...
M. SAINT-FIRMIN, a Gélon.
Venez-vous?
GÉLON.
Dans l'instant.
(A demi-voix à Florimel et à mademoiselle Dolban, en regardant, avec attention, Raimond.)
Bon Dieu! que ce jeune homme a l'air intéressant!
(Il sort avec M. Saint-Firmin, Mademoiselle Dolban et Eusébie.)

SCÈNE XVI

FLORIMEL, RAIMOND.

FLORIMEL, à Raimond qui sortait.
Un mot : que dites-vous de notre nouvel hôte?
RAIMOND.
Eh! mais...
FLORIMEL.
Il a vraiment la mine fière et haute.
RAIMOND.
Haute? non, je lui trouve un maintien fort commun.
FLORIMEL.
Mais ne voyez-vous pas qu'il a l'air de quelqu'un?
RAIMOND.
Oui, l'air d'un voyageur, qui hâble, Dieu sait comme!
FLORIMEL.
Êtes-vous bien certain, mon ami, que cet homme
Soit un vrai voyageur?
RAIMOND.
Certain? non, je le croi.
FLORIMEL.
Et moi, j'en doute fort et je soupçonne...
RAIMOND.
Quoi?
FLORIMEL.
Que c'est un voleur.
RAIMOND.
Bon!

FLORIMEL.
                    Cet accent, ce mystère,
Cet air moitié marchand et moitié militaire...
            RAIMOND.
Un voleur?
            FLORIMEL.
        C'en est un, et tout est expliqué.
            RAIMOND.
Comment? par des voleurs lui-même est attaqué.
            FLORIMEL.
Fausse attaque! il s'est fait, par d'autres camarades,
Tout exprès assaillir, près de nos promenades.
Mon oncle accourt, tout fuit, mais comme de raison,
Le chef se laisse enfin conduire à la maison,
Pour en ouvrir, la nuit, les portes à sa troupe
            RAIMOND.
Cela se peut ; au fait, le voyageur se coupe :
Il m'a déplu d'abord, il faut en convenir.
            FLORIMEL.
Sur nos gardes, mon cher, sachons bien nous tenir.
            RAIMOND.
Oui, c'est ce que je fais.
            FLORIMEL.
                    Heureusement, nos armes
Sont toujours en état, chez nous, en cas d'alarmes;
Les fusils sont chargés, et les sabres sont prêts.
            RAIMOND.
Bien! Moi, j'ai mon épée et quatre pistolets.
Il faut que les méchants, dupes de leur manége,
Se trouvent, à la fin, pris dans leur propre piége.
                        (Il sort avec Florimel.)

ACTE TROISIÈME

(La scène se passe dans le jardin.)

SCÈNE I
FLORIMEL, MADEMOISELLE DOLBAN

(Il est nuit.)

FLORIMEL.
Oui, ma sœur, aux voleurs il croit pieusement.
MADEMOISELLE DOLBAN.
C'est toi plutôt qui crois cela tout bonnement;
Mais, moi, je t'avertis qu'il fait semblant de croire,
Et ne croit rien du tout
FLORIMEL.
    Fort bien! plaisante histoire!
MADEMOISELLE DOLBAN.
Il a l'air ingénu ; mais je l'observe, moi,
Et je te réponds bien qu'il est plus fin que toi.
FLORIMEL.
Élise est amusante, il faut que j'en convienne.
MADEMOISELLE DOLBAN.
Il paraît votre dupe, et vous êtes la sienne.
FLORIMEL.
Nous dupes de Raimond? Eh ! va, je te promets
Qu'il sera plus facile à tromper que jamais.
MADEMOISELLE DOLBAN.
Allons, tu ne veux pas...
FLORIMEL.
    Entre nous, il te traite
Assez légèrement, c'est-à-dire en soubrette :
Voilà ce qui te fâche.
MADEMOISELLE DOLBAN.
    Il m'intéresse peu :
Cette Eusébie aussi cache fort bien son jeu.

FLORIMEL.
Voilà ce qui te tient ; encor la jalousie.
MADEMOISELLE DOLBAN, affectant de sourire.
La jalousie ? ah ! ah ! la bonne fantaisie !
FLORIMEL.
Oui, parce que Raimond lui fait des yeux très-doux ;
Mais elle s'en amuse.
MADEMOISELLE DOLBAN.
Ou plutôt de vous tous.
La scène de tantôt...
FLORIMEL.
N'était qu'un badinage.
MADEMOISELLE DOLBAN.
Et son air langoureux ?
FLORIMEL.
Bon ! c'est son personnage.
Mais ce n'est pas cela dont il est question :
C'est ici que je vais le mettre en faction.
MADEMOISELLE DOLBAN.
Fort bien.
FLORIMEL.
Il est déjà fatigué de sa route ;
Il va se reposer fort joliment.
MADEMOISELLE DOLBAN.
Sans doute ;
Mais tu verras.
FLORIMEL.
Ma mère, où donc est-elle ?
MADEMOISELLE DOLBAN.
Au lit.
Elle se croit malade.
FLORIMEL.
Oui ?
MADEMOISELLE DOLBAN.
Raimond le lui dit.
Il la met au régime.
FLORIMEL.
Ah ! ah !

MADEMOISELLE DOLBAN.
              Preuve nouvelle :
Eh ! oui, comme de toi, Raimond se moque d'elle.
                FLORIMEL.
La preuve est admirable ! Eh ! mais, il est certain
Que ce jeune Raimond est fort bon médecin.
Mon oncle en est très-sûr ; et puis, ma pauvre mère,
Tu le sais, est un peu malade imaginaire.
              MADEMOISELLE DOLBAN.
Tu ne veux pas m'en croire ! Eh bien, soit : avant peu.
Dès ce soir tu verras.
                FLORIMEL.
              Oui, nous verrons beau jeu,
On vient : c'est lui.
              MADEMOISELLE DOLBAN.
              Je sors.
                FLORIMEL.
                  Adieu, belle incrédule !
            MADEMOISELLE DOLBAN,
                (A part en sortant,)
Adieu, railleur. Cher frère ! il est bien ridicule.
                FLORIMEL, seul.
Qu'elle est simple, ma sœur ! Raimond, malin, plaisant !
Ah ! le pauvre garçon, il est bien innocent !

SCÈNE II

FLORIMEL, M. SAINT-FIRMIN, RAIMOND ;
     il a un sabre et quatre pistolets à sa ceinture.

              M. SAINT-FIRMIN.
Est-ce toi, Florimel ?
                FLORIMEL.
              Oui, mon oncle, moi-même :
Et notre cher Raimond ?
                RAIMOND,
              Le voici.
                FLORIMEL.
                  Bon. Je l'aime

Armé de pied en cap.
RAIMOND.
Mais, c'est le cas, je crois.
M. SAINT-FIRMIN.
Assurément.
FLORIMEL.
Sur vous on peut compter, je vois.
RAIMOND.
Oui, certes.
FLORIMEL.
Et notre homme, est-il un capitaine
De voleurs, hein ?
RAIMOND.
D'accord, la chose est trop certaine.
M. SAINT-FIRMIN.
Lui-même il se trahit.
FLORIMEL, à Raimond.
Ça, Raimond, dites-moi,
Vos ordres sont donnés à Lubin ?
RAIMOND.
Oui, ma foi,
Des ordres très-précis ; puis, son cher camarade.
Léveillé, quelque part l'a mis en embuscade ;
Et malheur au premier qui se présentera !
Lubin est fort, alerte, et d'abord il battra...
FLORIMEL.
Il m'a paru poltron, soit dit sans vous déplaire.
RAIMOND.
Oui, mais comme Sancho, brutal dans sa colère.
FLORIMEL.
Ah ça ! partageons-nous : vous, dans l'intérieur,
Vous veillerez, mon oncle ?
M. SAINT-FIRMIN.
Oui, tout près de ma sœur.
A propos, elle est mieux ; nous sortons de chez elle.
RAIMOND.
L'émétique a passé ?
FLORIMEL.
Mille grâces du zèle...

M. SAINT-FIRMIN.
La bonne gouvernante est déjà mieux aussi.
RAIMOND.
Je réponds d'elle.
FLORIMEL.
Bon. Mais vous êtes ici.
Docteur universel.
RAIMOND.
Oui, la besogne abonde.
M. SAINT-FIRMIN.
J'espère que Raimond guérira tout le monde.
Mais, où seras-tu, toi ?
FLORIMEL.
Là-bas, près du chemin,
Seul ; et j'y resterai, s'il faut, jusqu'à demain.
M. SAINT-FIRMIN.
Bon.
RAIMOND.
Et quel poste, à moi, m'assignez-vous, de grâce ?
FLORIMEL.
Mais, restez ici même! oui, mon cher, cette place.
Est fort essentielle à garder ; car voici
La chambre de notre homme, et ma sœur loge ici.
RAIMOND.
Hé bien! soit. Votre sœur, monsieur! à sa défense.
Trop heureux de veiller ! c'est là ma récompense.
FLORIMEL.
Il est charmant, d'honneur ! Du reste, entendons-nous
Au plus léger signal, nous volerons à vous.
RAIMOND.
Ne vous dérangez pas : Raimond, je vous assure,
Est homme à terminer tout seul une aventure.
M. SAINT-FIRMIN.
C'est un brave.
FLORIMEL.
Oui, je vois. Ainsi nous vous laissons.
RAIMOND.
Je vous en prie; allez, messieurs, point de façons.

FLORIMEL.

Sans adieu.

M. SAINT-FIRMIN.

Veillez bien.

RAIMOND.

Comptez-y.

FLORIMEL.

Prenez garde :
Ne vous endormez pas.

RAIMOND, les yeux tournés vers la fenêtre d'Eusébie.

Dort-on quand on regarde ?

FLORIMEL.
(Bas, à M. Saint-Firmin.)

Au revoir. Avouez que c'est un bon enfant.

M. SAINT-FIRMIN, bas.

Oui, je crois qu'on l'a fait exprès pour nous vraiment.

(Il sort avec Florimel.)

SCÈNE III

RAIMOND.

Me voilà seul enfin : l'aventure est plaisante ;
Ma situation devient intéressante.
Ce Florimel, qu'on dit si malin : mais il est
Bien bon enfant : voyez à quel poste il me met !
Près de celle que j'aime... Ô charmante Eusébie !
Qu'il m'est doux... Mais, hélas ! serait-elle endormie ?
Ne la réveillons pas... O Dieu ! je l'entrevois.

SCÈNE IV

RAIMOND, EUSÉBIE.

EUSÉBIE, à sa fenêtre.

Pauvre Raimond ! j'ai cru que j'entendais sa voix.

RAIMOND, à part.

Écoutons.

EUSÉBIE.
C'est ici qu'ils l'ont placé, sans doute;
Hélas ! ce bon jeune homme ! il est las de sa route :
On le fatigue encor; voyez!
RAIMOND, à part.
Quelle bonté !
EUSÉBIE.
Si j'étais sûre, moi, qu'il fût de ce côté,
Je saurais l'avertir que c'est un stratagème.
RAIMOND, à part.
Charmante !
EUSÉBIE.
Mais, peut-être, on m'observe moi-même.
Essayons : je pourrais, sans affectation,
Parler, comme en chantant.
RAIMOND.
Aimable attention !
Chut.
EUSÉBIE, chante sur un air bien simple.
Cet étranger, simple et crédule,
Je voudrais l'avertir tout bas,
Et lui sauver un ridicule
Que son cœur ne mérite pas.

Jeune homme ici tout est tranquille,
Et point de voleurs entre nous :
Quittez donc ce poste inutile,
Bon voyageur, reposez-vous.

RAIMOND.
Qu'à ce trait de bonté j'aime à vous reconnaître !
EUSÉBIE.
Vous êtes là, dehors !
RAIMOND.
Oui, sous votre fenêtre,
Je suis loin de me plaindre ; et trop heureux ici...
Mais vous-même, si tard, vous veillez donc aussi !
EUSÉBIE.
Je n'aurais pu dormir : je souffrais; je l'avoue...
RAIMOND.
Eh! de quoi?

EUSÉBIE.
Mais des tours, monsieur, que l'on vous joue.
Ne le voyez-vous pas?
RAIMOND.
Eh! oui, j'entrevois bien
Que l'on s'égaie ici; mais bon! cela n'est rien;
Et quand vous me plaignez, je ris de leur malice.
EUSÉBIE.
Je vous plains, et je fus un instant leur complice.
RAIMOND.
Vous, leur complice? vous? non je ne le crois pas.
EUSÉBIE.
Rien n'est plus vrai, pourtant. Je le dirai tous bas :
Je ne suis point Elise.
RAIMOND.
Hé bien?
EUSÉBIE.
Et point la fille
De madame Dolban.
RAIMOND.
Qu'importe la famille?
Ah! je m'estimerais le plus heureux mortel,
Si je pouvais me croire aimé de vous...
EUSÉBIE.
Ah! ciel!
Puis-je?
RAIMOND.
Dites un mot, ô charmante Eusébie.
Et Raimond vous consacre et son cœur et sa vie.
EUSÉBIE.
Non, monsieur, non...
RAIMOND.
J'appelle encor de ce refus.
Votre cœur est-il libre? Hé bien ?
EUSÉBIE, en soupirant.
Il ne l'est plus
Depuis bien peu d'instants...
(On entend du bruit.)

O Dieu!
(Elle ferme sa fenêtre.)

RAIMOND, seul un moment.

Douce réponse!
C'est un consentement, je crois, qu'elle m'annonce.
Mais qui vient me troubler? Si c'est Gélon... parbleu!
Je veux...

SCÈNE V
RAIMOND, GÉLON.

RAIMOND, d'une voix forte.

Qui vive?

GÉLON.

Ami.

RAIMOND, d'assez mauvaise humeur.

Qui donc, l'ami!

GÉLON.

Pon Tieu!
C'est moi, le foyâcheur.

RAIMOND, à part.

Que le diable t'emporte!

GÉLON.

C'est fous, monsier Raimond?

RAIMOND.

Oui. Courir de la sorte
La nuit!

GÉLON.

Il me suffit t'une heure te sommeil.

RAIMOND.

D'une heure?

GÉLON.

Oui. Che fous fois tans un cas tout pareil,
Je fous cherchais.

RAIMOND.

Qui? moi? Allons, vous voulez rire?

GÉLON.

Rire! non, cher monsier. Point du tout; je désire
Fous confier tout bas un secret important.

RAIMOND.
Un secret? à moi? bon!

GÉLON.
A fous : foici l'instant.
Mon cher Raimond, il faut qu'enfin che fous âprenne...

RAIMOND.
Quoi donc?

GÉLON.
Chai peur qu'ici quelqu'un ne nous surprenne.

RAIMOND.
Eh! tout le monde dort.

GÉLON.
Cher monsier! mon état
N'est pas t'être marchand, mais pien plutôt soldat.

RAIMOND.
Soit.

GÉLON.
Fous serez surpris, en âprenant quel homme
Est ici tevant fous, et comment che me nomme.

RAIMOND.
Parlez donc.

GÉLON.
Ce pacha qui naquit dans Widdin,
Qui prit en un seul jour Andrinople et Semlin;
Qui, nouveau Mithridate, honorant ses retraites,
En victoires souvent a changé ses défaites,
A manqué renverser tout l'empire ottoman,
Et, jusqu'en son harem, fait trembler le sultan...

RAIMOND.
Après ces hauts exploits, quel grand nom dois-je attendre?

GÉLON.
Un nom plus grand qu'eux tous, et qui va vous surprendre
PASSWAN-OGLOU!

RAIMOND
Grand Dieu!

GÉLON.
Vous êtes, che conçoi,
Étonné de me voir en France : écoutez-moi.

ACTE III, SCÈNE V

RAIMOND.

J'écoute.

GÉLON.

Mon histoire est tes plus singulières.
Les armes, vous savez, ami, sont journalières :
Un jour mon aile gauche, à l'aspect d'un pacha,
Courut sous ses drapaux, et contre moi marcha;
Et c'était, foyez-vous, mes troupes les meilleures.
Che me pâttis encor pendant trente-six heures;
Enfin, che fuis, toujours tisputant le terrain,
De fleuve en fleuve, ainsi ch'arrive chusqu'au Rhin;
Ch'y saute tout armé : je fiens dans l'espérance
Te trouver un asile et tes secours en France.

RAIMOND.

O ciel! est-il possible ? en croirai-je mes yeux?

GÉLON.

Mais ch'ai mis à profit tes moments précieux :
C'hai choisi tahs la France une centaine t'hommes,
Oh! mais, te prafes chens, comme fous et moi sommes :
Ils sont prêts à partir, et moi, che pars temain.
Che feux tenter encor, là-bas, un coup te main;
Car che ne manque pas te soldats qui m'attendent,
Che manque... foyez-vous, te chefs qui les commantent.
Tix mille hommes, afec tes officiers français,
Moi, che les mene au tiable, et réponds tu succès.
Mais, pour mon liétenant, ch'afais besoin t'un homme :
Che l'ai troufé, Raimond, et c'est fous que che nomme.

RAIMOND.

Moi, monsieur?

GÉLON.

Fous, mon cher. Ch'ai te bons yeux; allez,
Che m'y connais; che sens tout ce que fous fallez :
Ah! tiable! la faleur et la prutence unies.

RAIMOND.

Mais...

GÉLON.

Che puis même offrir à fous teux compagnies,
Pour teux te fos amis : tisposez, maintenant.

Fous foilà tout armé : marchons, mon liétenant?
(A part et sans accent.)
Il est tout étourdi de ce conte bizarre.

RAIMOND, à part.

La botte est vigoureuse, il faut que je la pare.

GÉLON.

Fous pâlencez, Raimond?

RAIMOND.

Oh ! non. C'est lui; c'est lui!

GÉLON.

C'est moi, sans toute.

RAIMOND.

Enfin ! je rencontre aujourd'hui
Passwan-Oglou !

GÉLON.

Quel feu dans vos regards pétille !

RAIMOND.

Cet ennemi mortel de toute ma famille !

GÉLON.

Moi l'ennemi?...

RAIMOND.

Toi-même, oui, vainqueur inhumain !
Cinq frères que j'avais ont péri de ta main ;
Un autre, échappé seul à cette boucherie,
M'est venu raconter ce trait de barbarie.
De douleur, en mes bras, mes yeux l'ont vu mourir;
Et moi, dans ce moment, je jurai de périr,
Ou de venger sur toi mes six frères.

GÉLON.

Qu'entends-che ?
Tieu ! tu me fais frémir par ce recit étranche.
Ch'aurais eu le malheur, Raimond, te t'arracher?...

RAIMOND.

Oui, cruel ! je partais, et je t'allais chercher,
Et fût-ce au bout du monde... Enfin, je te rencontre ;
Et, par le ciel vengeur !... vengeur, car il te montre,
Je ne te laisse pas échapper.

GÉLON.

Cheune ami !...

RAIMOND.
Ton ami, monstre affreux ! toi, qui m'as tout ravi,
Bourreau de tous les miens !...
GÉLON.
Fous fous trompez, sans toute.
Écoutez-moi, te grâce ; il faut...
RAIMOND.
Toi-même ; écoute.
L'occasion ici s'offre, et je la saisis :
J'ai quatre pistolets ; ils sont chargés : choisis.
GÉLON.
Mais...
RAIMOND.
Viens à trente pas : la nuit est belle et claire,
Viens, donne-moi la mort, ou reçois ton salaire.
Hé bien ?
GÉLON.
Moi, te sang-froid chamais che n'attaquai.
RAIMOND.
Défends-toi.
GÉLON.
L'on s'explique.
RAIMOND.
Eh ! tout est expliqué :
N'es-tu pas, en deux mots, Passwan-Oglou ?
GÉLON.
Non, certes :
C'est un déguisement.
RAIMOND.
Ah ! tu te déconcertes.
GÉLON.
Eh ! non, j'ai pris ma part d'un jeu fort innocent....
RAIMOND.
Oui, tu veux, je le vois, déguiser ton accent,
Afin de te soustraire à ma juste querelle.
GÉLON.
Je reviens, au contraire, à ma voix naturelle.
C'est un tour, je vous dis, qu'on voulait vous jouer,
Cher Raimond ; et moi-même, il le faut avouer...

RAIMOND.
Barbare ! c'est en vain.....
GÉLON.
Je ne suis point barbare ;
Je suis un bon enfant, et je vous le déclare,
Habitant d'un castel voisin, dans le vallon,
Ami de la famille : on m'appelle Gélon...
RAIMOND.
Quoi ! tu ne serais point Passwan-Oglou ?
GÉLON.
Je meure,
Si je ne suis Gélon !
RAIMOND.
Eh bien ! à la bonne heure :
Tu n'es point ce cruel, je le crois donc ; mais vous,
Monsieur, c'est une affaire à vider entre nous.
GÉLON.
Quoi ?
RAIMOND.
Vous vous permettez de me jouer, de rire
A mes dépens ; ici, vous venez de le dire.
Cette plaisanterie est fort peu de saison,
Et sur l'heure, monsieur, j'en demande raison.
GÉLON.
Plaît-il ? quoi ! vous voulez, pour un enfantillage ?...
RAIMOND.
Enfantillage ou non, laissons ce verbiage,
Et suivez-moi.
GÉLON, affectant de sourire.
Vraiment, monsieur Raimond...
RAIMOND, avec aplomb.
Monsieur !
Quand on fait, comme vous, métier d'être railleur,
Et pour Passwan-Oglou, surtout, quand on se donne,
Il faudrait savoir mieux payer de sa personne.
(Lui offrant des pistolets.)
Mais n'importe, venez, de grâce, et finissons
GÉLON.
Mais encore une fois...

RAIMOND.
Ah! c'est trop de façons :
Prenez, ou je vous coupe à l'instant le visage.
GÉLON, élevant la voix.
C'est un assassinat!
RAIMOND.
Ce n'est pas mon usage.
GÉLON, criant.
Amis, à moi...
RAIMOND.
Comment ? vous appelez ?
GÉLON.
Parbleu!
(Criant encore.)
Mesdames! mes amis !

SCÈNE VI

Les précédents, MADEMOISELLE DOLBAN, EUSEBIE, M. SAINT-FIRMIN, FLORIMEL.

M. SAINT-FIRMIN.
Eh! qu'entends-je?
MADEMOISELLE DOLBAN.
Ah ! bon Dieu !
Quel bruit!
FLORIMEL.
Qu'avez-vous donc?
GÉLON.
C'est monsieur qui querelle,
Qui s'emporte! et pourquoi? pour une bagatelle.
M. SAINT-FIRMIN.
Bon! se peut-il?
RAIMOND, à Gélon.
Monsieur, venez à trente pas...
(A tous les autres.)
Et vous, rentrez, de grâce.

GÉLON, aux mêmes.
                    Ah! ne nous quittez pas.
Dites, s'il n'est pas vrai, que GÉLON je me nomme?
                FLORIMEL.
Eh! oui.
                GÉLON.
     Votre voisin, un bon homme!
                RAIMOND.
                         Un bon homme!
Un fort mauvais plaisant.
            MADEMOISELLE DOLBAN.
                  Ah! mauvais!...
            EUSÉBIE, à Raimond.
                          Eh! monsieur,
Est-ce de quoi tuer les gens?
                RAIMOND.
                    Le grand malheur!
            GÉLON, à part.
Décampons, il est temps; évitons sa furie :
Cet homme n'entend rien à la plaisanterie.
                             (Il sort.)

SCÈNE VII

LES PRÉCÉDENTS, LUBIN et LÉVEILLÉ.

            LÉVEILLÉ, de dehors.
Aïe! aïe!
            LUBIN, de même.
     Ah! drôle!...
            M. SAINT-FIRMIN.
                Eh! mais, quels cris entends-je là?
            LÉVEILLÉ, entre en fuyant.
Au secours!
            LUBIN, le poursuivant.
     Au voleur!
            M. SAINT-FIRMIN.
            Qu'est-ce donc que cela?

FLORIMEL.
Eh! c'est toi, Léveillé? Qu'as-tu?
LÉVEILLÉ.
Belle demande!
Je suis roué de coups.
LUBIN, à Léveillé.
Vous étiez de la bande?
FLORIMEL, riant sous cape, ainsi que sa sœur.
De la bande? Il est gai.
LÉVEILLÉ.
Fort gai!
M. SAINT-FIRMIN.
Qui t'a battu?
LÉVEILLÉ.
Mais... ce manant.
RAIMOND.
Encor quelque malentendu.
FLORIMEL.
C'est singulier, cela.
LÉVEILLÉ.
J'en suis pour une côte.
RAIMOND, à Lubin, en affectant de la colère.
Quoi! c'est toi, malheureux?...
LUBIN.
Voyez! est-ce ma faute?
Et pouvais-je mieux faire? On me dit d'avancer
Sur le premier... je vois un homme se glisser;
J'accours; il fuit; mais moi, je l'attrape et l'assomme...
Oh! cela, comme il faut... Il se trouve que l'homme
Est monsieur Léveillé.
LÉVEILLÉ.
Mais, oui.
LUBIN.
C'est un malheur!
Mais aussi pourquoi diable a-t-il l'air d'un voleur?
FLORIMEL, riant sous cape.
L'air d'un voleur! Tandis qu'il venait, au contraire,
L'aider à repousser les voleurs, en bon frère;
N'est-ce pas?

LÉVEILLÉ.
(A Florimel et à Mlle Dolban.)
Je venais, je venais.... Oui, riez !
Et c'est toujours ainsi ; quand vous vous égayez
Au dépends de quelqu'un, c'est toujours moi qui paie.
RAIMOND.
Qu'entends-je ? à mes dépens, est-ce que l'on s'égaie?
LÉVEILLÉ.
C'est bien facile à voir.
FLORIMEL.
Malheureux ! sors d'ici.
M. SAINT-FIRMIN.
Oui, sors, bavard.
LÉVEILLÉ.
Je sors.
RAIMOND, à Lubin.
Et toi, sors donc aussi
Maladroit !
LUBIN.
Oui, voilà comme on vous récompense !
(Il sort avec Léveillé.)

SCÈNE VIII

Les précédents, excepté LÉVEILLÉ et LUBIN.

RAIMOND.
Vous allez m'expliquer cette énigme, je pense.
FLORIMEL.
Eh ! ne voyez-vous pas qu'il ne sait ce qu'il dit ?
MADEMOISELLE DOLBAN.
Les coups qu'il a reçus ont troublé son esprit.
M. SAINT-FIRMIN.
C'est probable.

SCÈNE IX

Les précédents, MADAME DOLBAN, en déshabillé
de nuit et en attirail de malade.

MADAME DOLBAN.
Comment? c'est ici que vous êtes?
Au milieu de la nuit! Quel tapage vous faites!
FLORIMEL.
Mais il le fallait bien : vous savez ce voleur....
MADAME DOLBAN.
Ce voleur!... gardez-vous d'y croire, cher docteur :
Monsieur est mon ami, mon ange tutélaire ;
Je trouve fort mauvais, moi, que pour son salaire,
On se moque de lui.
M. SAINT-FIRMIN, à demi-voix.
Ma sœur, de grâce...
RAIMOND.
Eh quoi!
Je ne me trompais pas, on se moque de moi.
MADEMOISELLE DOLBAN.
Oui ; fort bien ! affectez une ignorance extrême,
Lorsque vous savez tout dès longtemps.
RAIMOND.
C'est vous-même,
Qui tous, l'un après l'autre, ici me l'apprenez.
Monsieur Florimel seul hésite encore... Tenez,
Il va parler enfin.
FLORIMEL, à Raimond.
Eh ! oui, c'est trop me taire,
Puisqu'à présent pour vous ce n'est plus un mystère.
Il est trop vrai, mon cher, ceci n'était qu'un jeu.
A vos dépens, peut-être, on s'amusait un peu.
Nous pardonnerez-vous cette plaisanterie ?
RAIMOND.
De tout mon cœur ; d'abord, j'aime assez que l'on rie :
Dans la pièce, d'ailleurs, j'ai pris mon rôle aussi.
MADAME DOLBAN.
Vous ! Lequel donc ?

RAIMOND.
J'ai fait le médecin ici ;
(A madame Dolban.)
Mais je cesse de l'être ; et vous, d'être malade :
(A Florimel.)
Croyez-moi, reprenons nos chevaux, camarade :
(A mademoiselle Dolban.)
Le mien porte malheur ; belle Elise, pardon
Des tours que j'ai joués à la fausse Marton ;
Lubin fut dans l'erreur : à la paralytique
J'ai fait boire de l'eau, voilà son émétique ;
Et pour l'ami Gélon, le grand Passwan-Oglou,
Il a plié bagage, et fui je ne sais où.

MADAME DOLBAN.
Oh ! comme il me trompait, le traître !

RAIMOND.
Ah ! mille excuses....

FLORIMEL.
Comment, Monsieur, tout seul, a démêlé nos ruses ?

M. SAINT-FIRMIN.
Tout seul ; mais nous voilà bien quittes entre nous.

RAIMOND.
Non ; pourrai-je jamais m'acquitter envers vous,
Quand je vous dois, ici, le bonheur de ma vie ?

MADAME DOLBAN.
Comment ?

RAIMOND.
Posté si près de l'aimable Eusébie...
Ici même.

FLORIMEL.
Eh bien ! quoi ?

MADEMOISELLE DOLBAN, à Florimel.
Ce que je t'ai prédit :
Ils s'aiment.

FLORIMEL.
Oui, j'en juge à ton air de dépit.

MADAME DOLBAN, à Eusébie.
Mademoiselle, eh ! mais...

M. SAINT-FIRMIN, à sa sœur.
                            Je sais tout le mystère ;
J'avais presque d'avance arrangé cette affaire,
Ma sœur ; mais à demain remettons-en le soin.
De cette leçon-là vous aviez tous besoin.
Vous n'épargnez personne : amis, voisins et proches,
Chacun avait son tour... Mais trêve aux vains reproches.
C'est Gélon qui, surtout, les avait mérités :
C'est ce mauvais sujet qui nous avait gâtés.
Laissons là, croyez-moi, ce pitoyable style,
Tous ces rires si faux, cet esprit si facile !
Oui, soyons désormais l'un pour l'autre indulgens ;
Vivons entre nous tous comme de bonnes gens ;
Et que notre gaîté, toujours naïve et franche,
Ne blesse plus, pas même, en prenant sa revanche.

LE
THÉATRE
à 20 c.
LE VOLUME

CONTENANT

UNE *ou* PLUSIEURS *Pièces*

Les meilleurs Écrivains ;
Les meilleurs Musiciens.

10,000 Pages de Musique :

| Grétry, | Dalayrac, | Gluck, |
| Monsigny, | Mozart, | Piccini, |

etc., etc.,

avec Accompagnement de PIANO

RENSEIGNEMENTS

20 c. — THÉÂTRE — 20 c.

CHEZ TOUS LES LIBRAIRES

UN VOLUME CHAQUE JOUR

En l'année 1878, il sera publié
300 volumes, — 500 pièces
30,000 pages (60 millions de lettres)
10,000 pages de Musique

Excessive modicité de Prix

EXEMPLE :

N° 76. L'opéra de **Richard Cœur-de-Lion.**
Le *texte* (paroles) vaut bien quatre sous;
Les 70 pages de Musique, quarante sous;
Le tout quarante-quatre sous;
Mais le Public ne paye que **quatre sous** : il dit que c'est très-bon marché : *il a raison!*

ANNONCE

100 BONS LIVRES AD. RION à 10 c.

Il faut que chaque famille ait sa **BIBLIOTHÈQUE**; il suffit de donner aux Enfants, chaque semaine, **10 c.** pour acheter un des

100 BONS LIVRES AD. RION à 10 c.

en commençant par ceux-ci :

N° 1. **Alphabet progressif**, etc.,
N° 64. **Nids d'oiseaux**,
N° 57. **Ignorance, Tabac, Ivrognerie**,

Il en a été vendu **600,000** exempl. de ces trois livres.

ŒUVRE COURONNÉE

EN VENTE CHEZ TOUS LES LIBRAIRES :
Ils sont priés de s'adresser à leurs *Commissionnaires*
ou aux Maisons

Hachette.	Allouard.	Manginot.	Brouillet.
Vernay.	Guérin.	Coste.	Claverie.
Schulz.	Gaulon.	Goin.	Janmaire.

PARIS — IMP. TYP. LAROUSSE ET Cie, RUE NOTRE-DAME-DES-CHAMPS, 49.

www.ingramcontent.com/pod-product-compliance
Lightning Source LLC
LaVergne TN
LVHW020942090426
835512LV00009B/1681